죽음에서 새 하늘과 새 땅에까지

비전북하우스

죽음에서
새 하늘과 새 땅에까지

초판1쇄 발행 · 2022년 07월 07 일

지은이 · 이종덕
펴낸이 · 이종덕
펴낸곳 · 비전북하우스

교 정 · 이현아   표 지 · 이상윤
디자인 · 이상윤   공급처 · 도서출판 소망사
                      전 화 · 031-976-8970 팩 스 · 031-976-8971

ⓒ 이종덕 2022

등 록 · 제 2009-8호(2009. 05. 06)
주 소 · 01433 서울시 도봉구 해등로25길 41
전 화 · 010-8777-6080
이메일 · ljd630@hanmail.net

정 가 · 15,000원
ISBN · 979-11-85567-34-1   03230

* 이 책의 저작권은 저자가 가지고 있습니다.
  저자와 출판사의 허락 없이 책의 내용이나 표지를 인용이나 복제할 수 없습니다.

죽음에서
새 하늘과 새 땅에까지

Contents

들어가는 말 : 함께 있으매, 함께 계시리니, 함께 계셔서

제1장 죽음, 사후세계

1. 죽음의 정의   16
2. 인생에게 주어진 세월   17
3. 죽음에 대한 관점   19
   1) 의학적 관점   20
   2) 종교적 관점   22
      (1) 무교(巫敎)   22
      (2) 유교   23
      (3) 불교   23
      (4) 이슬람교   24
      (5) 힌두교   24
4. 사후세계   25
   1) 사후세계에 대한 인류의 관점   26
   2) 고대인들의 사후세계관   27
      (1) 고대 메소포타미아인의 사후세계   27
      (2) 고대 이집트인의 사후세계   29
      (3) 고대 그리스인의 사후세계   30
      (4) 고대 일본인의 사후세계   31
      (5) 고대 중국인의 사후세계   32
   5. 생명의 시작은   33

제2장 천년왕국설

1. 천년설이란   42
　1) 전천년설   43
　　(1) 역사적 전천년설   44
　　(2) 세대주의적 전천년설   46
　2) 후천년설   49
　　(1) 보수주의적 후천년설   50
　　(2) 자유주의적 후천년설   51
　3) 무천년설   52
2. 성경에서 보아야 할 천년왕국   54
　1) 성경을 바라보아야 하는 시각   55
　2) 천년왕국의 의미   57
　3) 천년왕국의 시기   61

제3장 7년 대환난에 대하여

1. 7년 대환난 개념   70
　1) 대환난의 뜻   70
　2) 대환난 시작의 조건   74
2. 대환난의 때   78
　1) 환난이란 기간의 산출   79
　2) 7년 환난의 때   85
3. 7년 대환난의 과정   88
　1) 7년 대환난의 필연성   89
　2) 7년 대환난의 윤곽   92
　3) 7년 대환난의 과정   96

제4장 성경적 적그리스도

1. 적그리스도와 거짓 그리스도의 구분   101
   1) 적그리스도($αντιχριστος$, 안티크리스토스)   102
   2) 거짓 그리스도($ψευδοχριστοι$, 프슈도크리스토이)   104
2. 구원 예언의 역사적 증명   107
   1) 성경은 역사적 확정   108
   2) 역사적 진행의 완성   114
3. 적그리스도 출현 예언   119
   1) 곡과 마곡   120
   2) 적그리스도의 정체   124

제5장 상황적 적그리스도

1. 적그리스도가 하는 일   133
   1) 교회의 핍박   134
   2) 세계를 통제   136
   3) 하나님께 직접 대항   139
2. 적그리스도에 대한 명칭   150
   1) 열 뿔 달린 잔인한 짐승(단 7:7-8; 계 13:1-2)   150
   2) 불법의 사람, 멸망의 아들(살후 2:3)   151
   3) 하나님과 예수님을 부인하는 자(요일 2:22)   151
   4) 짐승(계 13:2)   151
3. 적그리스도의 출현 과정   152
   1) 죽게 되었다가 다시 살아난 짐승(계 13:1-10)   152
     (1) 머리로서의 부상   155
     (2) 머리로서의 자리 잡음   155
     (3) 머리로서의 성쇠(盛衰)   157
     (4) 머리에서 추락   158

2) 전에 있었다가 지금 없어진 짐승(계 17:8-14)   160
　　　(1) 죽게 된 상처의 회복   161
　　　(2) 일곱째 나라와 여덟째 왕   164
　4. 현재와 종교개혁가들이 본 적그리스도   167
　　1) 세계 머리로 부상   167
　　2) 종교개혁자들이 본 적그리스도   171

제6장 대환난으로 가기까지

1. 구원에 대한 이해   175
　1) 구원의 필요성   175
　2) 구원의 길   176
　3) 구원의 확인   178
　4) 구원의 최종 목적지   180
2. 최후 환난 도래의 성경적 정황   184
　1) 재림의 시대적 징조   184
　2) 재난의 시작   186
　　(1) 종교적 : 이단들의 극성(마 24:5)   186
　　(2) 사회적 : 팬데믹 사건   187
　　(3) 정치적 : 전쟁과 독재적 사건   188
　　(4) 자연적 : 다양한 자연재해   190
3. 대재난의 극복   191
　1) 단일화된 힘의 필요성   191
　2) 단일화된 힘의 현실화   193
4. 대환난의 시작   196
　1) 재난 끝의 시점   196
　2) 대환난의 농도   198
　3) 대환난의 근본 원인   199

5. 세계를 이끌어갈 리더(?)	202
1) 하나로 가는 유럽	202
2) 하나가 되기까지는	205
3) 하나로 가는 진통	206
4) 경제적 하나	207
5) 유럽연합의 단일 국가: 정치와 경제와 종교(인구) 그리고 군사	209

제7장 대환난에서 천년왕국에까지

1. 환난의 과정	213
1) 강력한 리더십의 필요성	214
2) 교황청의 등장 가능성	216
3) 교황청의 등장 과정 예측	218
4) 등장 후의 과정	219
2. 환난의 진행	220
1) 환난의 시작	220
2) 환난의 절정	222
3) 환난의 결과	225
3. 성도의 부활과 휴거 그리고 예수님의 지상 재림	229
1) 첫 번째 부활	230
2) 성도의 휴거	233
3) 예수님의 재림	235
4. 최후의 심판과 천년왕국	238
1) 짐승에 대한 심판	239
2) 천년왕국에까지	241

제8장 새 하늘과 새 땅

1. 백보좌 심판	246
2. 두 번째 부활	252
3. 심판에 따른 상벌	257
4. 새 하늘과 새 땅의 정점	262

　　* 아멘, 주 예수여!
　　　오시옵소서!!

들어가는 말

함께 있으매, 함께 계시리니, 함께 계셔서

(계 21:3)

문제1 : 누가?   답: 하나님이
문제2 : 어디에서?   답: 새 하늘과 새 땅에서

　세상 사람들은 구원(救援)을 구원(九圓)으로 너무 쉽게 생각하는 것 같다. 심지어 교회에서조차도 그런 것 같아 화도 나고 마음도 아프다. 구원(救援)은 사람이 주는 것도 아니고 교회가 주는 것도 아니다. 구원(救援)은 아무나 받는 것도 아니고 그렇다고 받는 사람이 제한된 것도 아니다. 진정(眞正)한 회개와 진실(眞實)한 믿음 그리고 진솔(眞率)한 변화와 진품(眞品)의 성도로 끝까지 가는 자만이 진(眞)짜 구원받은 사람이 되는 것이다.

2020년 세계 기독교인의 통계 비율은 33.3%이다. 그리고 한국 리서치 정기조사 '여론 속의 여론' 통계자료를 보면 2021년 한국의 개신교 인구 비율이 20%라고 한다. 물론 이 비율은 성경에 나오는 '거짓 선지자', '거짓 그리스도', '거짓 사도', '삯꾼', '적그리스도' 외에 '거짓 예언자' 등 '거짓'이라는 단어에 적용되는 수많은 자들과 그 많은 '가라지' 그리고 풍성한 '쭉정이'들도 포함된 수치라는 것이다.

따라서 구원의 길이 그리 쉽지 않다는 것을 알 수 있다. 지금과 같은 편안한 상태로 태어나서 편안하게 살다가 편안하게 죽음으로 끝난다는 전제의 수치가 이 정도라면 대환난을 거쳐야 한다는 상황에 이르게 될 때에 이 수치가 고정적이거나 높아질 확률이 있을까? 이런 생각을 하면서 이 책을 썼는데 정말 두렵고 무서웠다. 그래서 나를 다시 돌아보면서 점검하고 새롭게 다짐하는 시간도 많이 가졌다. 그리고 혹여 내용을 잘못 전달하면 어쩌나 하고 다시 생각하고, 자료와 책들을 다시 점검해 보고, 기도하면서 성경을 다시 읽고 보는 시간을 반복해서 가졌다.

그래도 아쉽다고 해야 하나? 감사해야 하나? 성경말씀 인용이 겹치는 곳이 좀 있다. 성경의 내용을 성경으로 설명을 하다 보니 그렇다. 겹치는 것은 아쉽지만 성경으로 답을 찾아낼 수 있는 것은 감사했다. 그리고 방대한 내용들을 요약해서 인용하다 보니 아쉬움은 있지만 이해에 도움이 되기에는 충분하다고 생각이 들어 다행이다는 생각이 든다.

그런데 우리가 살다가 죽어서 천국에 가는 것으로 인생의 마침표가 찍힌다면 하나님께서 굳이 사도 요한을 통해서 계시록을 주실 필요가 없었을 것이다. 그러나 저 위에서 던진 1과 2의 문제와 답을 통해 보았듯이 구원받은 우리는 하나님과 함께 새 하늘과 새 땅에서 영원무궁토록 살아가는 특권이 주어진다는 것이다.

따라서 이 책에서는 우리 구원받은 성도가 새 하늘과 새 땅에까지 가는 과정과 절차를 성경에 나온 말씀을 근거로 논리적으로 설명해 보았다. 물론 새 하늘과 새 땅에까지 가기까지는 천년왕국도 거치게 되는데 그런 과정 과정이 정말 쉽지 않다는 것을 살펴보았다. 우리 모두 삶에서 죽음 그리고 죽음에서 새 하늘과 새 땅에까지 가는 과정을 살펴보면서 지금(편안할 때)의 나를 점검하고, 앞으로(환난의 때)의 나를 상상하면서 더 새롭게 다짐하는 계기가 되었으면 좋겠다. 제발 구원(救援)을 구원(九圓)스럽게 말하지 말고, 구원(救援)을 구원(九圓)스럽게 여기지 말기를 진심으로 바란다.

부족한 저에게도 새 하늘과 새 땅에 갈 수 있는 꿈과 소망을 주신 하나님께 진심으로 감사를 드립니다.

이종덕

제1장

죽음, 사후세계

제1장

죽음, 사후세계

　사람이 제일 두려워하고 싫어하면서도 관심이 많은 단어는 아마 '죽음'이라는 단어일 것이다. 왜냐하면 '어떻게 하면 죽음을 피할 수 있을 것인가?'와 '어떻게 하면 죽음을 잘 맞이할 수 있을까?'에 관심이 있기 때문이다. 학술연구정보서비스 싸이트 검색 코너에서 '죽음'이라는 단어를 검색해 보면 학위논문 코너에 14,056개, 학술논문 코너에 16,550개, 단행본 코너에 58,889개(2021. 7. 23일 현재)가 나온다.

　물론 이런 자료들의 대부분이 죽음에 대해서 직접 여러 각도로 연구도 하고, 분석도 하고, 종합적으로 쓴 내용들이 대부분이라면 죽음이라는 단어만으로 검색된 자료들도 있을 것이다. 그렇다 하더라도 사람들은 이렇게 죽음에 대해서 많은 관심을 가지고 있다는 것은 사실이다.

우리는 '죽음'이라는 단어를 보면 '불로초'라는 단어도 생각이 난다. 불로초라는 단어를 읽노라면 중국 진(秦)나라 장양왕의 아들 정(政)이 연결이 된다. 13세에 왕 위에 오른 정(政)은 초기에는 승상의 보필을 받다가 점차 강력한 통치력을 발휘하여 B.C.221년에는 당시 한나라·위나라·조나라·초나라·연나라·제나라 등 6국을 정복하여 처음으로 중국을 통일하였다. 그리고 최초로 황제라는 칭호를 사용했을 뿐만 아니라 영구적으로 황제(皇帝)라는 칭호를 사용하자는 마음으로 始皇帝라고도 하였다. 그를 생각하면 중국의 첫 통일왕, 군현제(郡縣制), 중앙집권제도, 도량형, 화폐, 아방궁, 만리장성 그리고 섬뜩한 분서갱유(焚書坑儒)라는 단어들이 쉽게 떠오른다. 나아가 정치적 권한을 다잡은 진시황은 영원불멸의 삶을 갈망하여 불로불사의 방법까지를 강구했다는 것이다.

불로초를 구하는 여러 루트와 이야기들(설)이 있지만 그로 인해 진시황은 불로초라는 식물을 분명히 먹었을 것이다. 그러나 그의 사인(死因)이 뇌막염이나 기타 여러 설이 있어 확증하지는 못하지만 늙지 않는 영구적 삶을 추구했던 그도 삶의 연수는 반세기를 넘기지 못했다는 것이다. 여기서 진시황의 정치적 공과를 말하려고 하는 것이 아니다. '죽음'에 대해서 생각해 보고자 한 것이다. 진시황처럼 죽음에 대해서는 동서고금, 남녀노소가 관심을 가지고 있고, 죽음에 대해서 어떻게 생각하고 있고, 죽음 후를 어떻게 생각하고 있는가를 알아보기 위해서이다.

1. 죽음의 정의

죽음이라는 단어는 느낌이 참 무겁다. 죽음이 인생의 마지막이요 종결이라고 생각하기 때문이다. 그렇다고 지금까지 경험을 통해 죽음을 막아낼 수 없다는 것을 알기에 죽음에 대해 부정적 생각보다 긍정적 생각을 하려고 한 흔적들과 상황적 사실들을 찾아볼 수는 있다. 그럼에도 불구하고 사람들은 죽음에 대해서 불안해하지 않을 수 없다. 왜냐하면 살아오면서 가족이나 다른 사람의 죽음을 보았고, 그러한 죽음을 통해 사별의 고통이나 두려움을 경험했기 때문이다. 그래서인지 많은 학자들이 죽음에 대해서 정의도 내리고 죽음의 불안에 대해서 연구해 온 것도 사실이다.

그중의 한 사람인 독일의 Hannelore Wass는 「Dying: Facing the Facts」에서 사람들이 죽음에 대해서 불안을 느끼는 것을 네 가지로 설명했다. 첫째, 죽음은 생물학적, 사회적 고통의 과정이라고 하면서 역할 상실과 고독, 고통 때문이라고 했다. 둘째, 자기 존재가 소멸되는 것에 대한 두려움과 극도의 자기 상실에서 오는 불안 때문이라고 했다. 셋째, 죽음 후에 무엇이 발생할지 모르는 미지의 세계에 대한 불안 즉, 지옥에 대한 공포와 처벌에 대한 불안이 있기 때문이라고 했다. 넷째, 다른 사람의 죽음을 보면서 죽음으로 다른 사람과 분리되는 슬픔과 고독을 보았기 때문이라고 했다.

그렇다면 사람들은 그 죽음을 무엇이라고 정의할까?

사전(辭典)을 통하여 사람들은 죽음에 대해서 다음과 같이 이야기를 한다. 먼저 위키백과(Wikipedia) 사전을 보면 "죽음 혹은 사망(死亡, 영어 death, 의학: expire)은 생명체의 삶이 끝나는 것을 말하며, 살아 있는 유기체를 유지하는 모든 생물학적 기능의 중지이다."라고 나와 있다. 브리태니커(Britannica) 세계대백과사전에는 죽음에 대해서 "모든 생물이 겪는 생명 과정의 완전 정지 상태"라고 나와 있다. 웹스터(Webster) 사전에는 "죽음은 동식물에 소생의 가망성이 없는 모든 생체기능의 영구적 정지, 생명의 종결이다."라고 나와 있다. 국립국어원 표준국어대사전에는 죽음에 대해서 "생물의 생명이 없어지는 현상을 이른다."라고 나와 있다. 그리고 보건·위생 분야의 국제적인 협력을 위하여 설립한 UN 전문기구인 세계보건기구(WHO)에서는 죽음의 정의에 대해서 "소생할 수 없는 삶의 영원한 종말이다."라고 하였다.

2. 인생에게 주어진 세월

우리가 알고 있는 옛 어른들은 세월에 대해서 어떻게 말하고 있는지 몇 명만 간단하게 살펴보기로 한다.

영국의 문학자 S. 존슨은 "짧은 인생은 시간의 낭비에 의해 더욱 짧아진다."라고 했다. 똑같이 주어지는 인생이라 할지라도 시간을 낭비하는 사람의 인생은 더 짧게 느껴진다는 뜻이다. 베이컨은 "젊은 시절에는 하루는 짧고 1년은 길다. 나이를 먹으면 1년은 짧고 하루는 길다."라고 했다. 단테는 "오늘이라는 날은 두 번 다시 오지 않는다는 이것은 잊지 말아야 한다."라고 했다. 벤자민 프랭클린은 "사람은 망설이지만 시간은 망설이지 않는다. 잃어버린 시간은 되돌아오지 않는다."라고 했다. 조선 학자 조광조는 "얻기 어려운 것은 시기요 놓치기 쉬운 것은 기회다."라고 했다. 중국 시인 도연명 "盛年은 不重來하고 一日은 難再晨이라, 及時에 當勉勵하라. 歲月은 不待人이라."라고 했다.

이 모든 말이 우리에게 주는 교훈은 주어진 현재를 결코 경히 여기지 말고, 소중히 여기며, 최선을 다하라는 의미이다. 성경에도 에베소서 5:16절에 "세월을 아끼라. 때가 악하니라."고 했고, 골로새서 4:5절에는 "외인에게 대해서는 지혜로 행하여 세월을 아끼라."고 했다. 세월을 아끼라는 공통된 말을 하고 있다. 시편 90:9절에 보면 "우리의 모든 날이 주의 분노 중에 지나가며 우리의 평생이 순식간에 다하였나이다."라고 하여 우리의 인생이 순식간에 지나간다고 했다.

여기 '순식간'이라고 말이 나온다. 숫자적 개념으로 한 번 생각해 본다. 우리가 할을 10^{-1}이라고 하는데 이것을 기준으로 우리가 생활 가운데에서 무의식적으로 사용하고 있는 몇 개의 단어를 시간적 개념으로 한 번 알아보자. '애매모호'라는 말이 있는데 여기서 '모호'는 10^{-13}을 의미하고, '찰나'라는 말이 있는데 이것은 10^{-18}을 의미한다. 그리고 '허공'이라는 말이 있는데 이것은 10^{-20}을 의미하며, 성경에 나온 '순식간'의 '순식'은 10^{-16}을 의미한다. 따라서 '우리의 평생이 순식간에 다하였나이다'에서 보면 우리 인생이 '순식간'에 간다고 했는데 그만큼 세월이 엄청 빠르다는 것을 말해주고 있는 것이다. 결국 우리 인간의 죽음도 빠르게 찾아온다는 것을 가르쳐주시는 말씀이라고 본다.

인생에 있어서 시간 흐름의 생각을 일반적으로 세대에 따라 다르게 느낀다고 나는 생각한다. 개인적으로 죽음까지 가는 시간을 '청년 시대에는 쏜살 같다', '중년 시대에는 총알 같다', '노년 시대에는 번개 같다'고 말하고 싶다. 왜냐하면 사람마다 다르고 정답은 아니지만 그 세대들이 느끼는 시간의 흐름이 똑같지는 않다고 느끼기 때문이다. 그럼에도 불구하고 결론은 인생에 주어진 시간은 빠르게 흘러간다는 것이다.

3. 죽음에 대한 관점

옛날에는 '죽음'이라는 단어에 대해서 불편하게 생각했던 것이 사실이다. 피하고 싶은 단어, 나하고는 상관없는 단어이기를 바랐을 것이다. 그러나 죽음은 누구도 피하거나 외면할 수 없는 단어이고, 현실이다. 그래서인지 요즘은 죽음을 인정하고 죽음을 준비하는 일들도 많이 볼 수 있다. 지난 여름에 아내가 '웰라이프 지도사

전문 강사' 과정을 공부하는 것을 보았다. 「웰다잉 교육 매뉴얼」이라는 교재도 있는데 내용이 거의 '죽음 준비 교육'에 관한 것이다. 그리고 대학에서도 죽음에 관련된 과목도 있음을 보았다. 서론에서도 죽음에 대해서 학위논문과 학술논문 그리고 책들도 다양하게 나와 있다고 말했다. 죽음에 대한 관점이 많이 공개되고 있고, 죽음을 준비할 수 있는 환경이 많이 만들어진 것이다.

1) 의학적 관점

앞에서 죽음의 정의에 대해서 간단하게 살펴보았는데 그것은 일반적으로 생물학적 의미의 내용이었다. 즉, 죽음에 대한 생물학적 정의는 사람의 심폐기능이 정지되어 자발적으로 움직이던 호흡이나 맥박이 멈추는 것을 말하는 것이다. 그런데 내가 2018년 7월 25일에 공원에서 아침 운동을 하는데 한 어르신의 심장이 정지된 상태를 발견하게 되었다. 곧바로 전에 배웠던 심폐소생술을 직접 시도해서 어르신의 숨이 되돌아오게 하고 119에 신고하여 병원으로 보내드렸던 기억이 난다.

이렇게 숨이 멎은 상황에서도 심폐소생술(CRP)이라든지 자동심장충격기(AED)를 이용하여 자연적인 호흡정지 상태의 심폐기능의 마비 상태를 소생시켜 생명을 연장할 수도 있다는 것이다. 그리고 심장 수술을 통하여 체외 심폐 순환기를 부착하여 심폐가 마비된 상태에서도 일정 기간 생명을 정상적으로 유지할 수도 있게 되었다는 것이다.

그래서인지 대한의학협회의 '죽음의 정의 연구 위원회'에서는 1983년에 죽음에 대한 정의(定意)를 발표했는데 그 내용은 "심장 기능 및 호흡 기능과 뇌 반사의 불가역적 정지 또는 소실을 말한다."라는 내용이다. 즉, 개발된 기술로 인간의 숨이 멎는 순간을 인위적으로 뒤로 미룰 수 있기에 이제 '죽음'이라는 정의를 '불가역적 정지' 다시 말해 어떠한 기술이나 방법으로 인간의 숨을 되돌릴 수 없는 순간이라고 한 것이다.

앞부분 죽음의 정의에서는 인간의 죽음에 대해서 말한 것을 보면 인간의 죽음도 일반 생물들의 생명 단절과 큰 차이가 없는 비인격적인 과정으로 보았다. 그러나 의학적 관점으로 본 죽음에서는 어떠한 수단과 방법 그리고 기술로 인간의 생명이 멈추는 순간을 조금 늘릴 수 있다는 것을 인정하고 '불가역적'이라는 단어를 추가해서 설명했다. 그렇다고 할지라도 그것 또한 생물학적 관점의 죽음에서 크게 벗어나지는 않는다.

또 하나 '죽음의 질'이라는 말이 있는데 이 달은 "임종을 앞둔 환자의 통증과 그 가족의 심리적 고통을 덜어줄 수 있는 의료 시스템(완화의료 정책)이 얼마나 발달했는지를 평가하는 지표"라는 말이다. 그렇다면 우리나라의 죽음의 질 수준은 어느 정도일까? 이 죽음의 질을 조사하고 분석하는 기관이 있는데 영국 경제주간지 '이코노미스트' 산하 연구기관인 인텔리전스 유닛(Economist Intelligence Unit, EUI)이다. 이곳에서 죽음의 질 지수를 전 세계 80개국을 대상으로 해당 국가의 의료 수준, 임종 관련 국가 지원, 죽음을 앞두고 방문할 수 있는 병원 수 등 20개 지표를 합산하여 산출하는데 우리나라는 2010년에는 32위였지만 2015년에는 18위로 올라섰다. 이러한 죽음의 환경의 개선과 발전도 생물학적 관점에서 본 죽음이라는 것이다.

2) 종교적 관점

사람들은 이렇게 사람의 죽음을 생물학적으로만 멈추는 것이 아니라는 것을 찾으려고 무던히 애를 썼다. 사실 죽음 후가 두려워서 사람들은 여러 종교를 만들고 나름대로 사후세계를 만들어놓고 그 사후가 있기에 현실의 죽음이라는 두려움에서 탈출하려고 했던 것이다. 사람들이 믿고 있는 널리 알려진 몇 군데 종교에서는 죽음을 어떻게 보는지 아주 간단하게 살펴보기로 한다.

(1) 무교(巫敎)

무교는 여타 종교와는 달리 한국의 무속신앙을 가리키는데 해당 신앙을 종교학의 입장에서 존중해 주고 배려해 주는 용어로 쓰는 단어이다. 무교는 이승과 저승이라는 이분법적 세계관을 가지고 있으며, 살아 있는 사람은 이승에서 죽은 사람의 영혼은 저승에서 산다고 보고 있다. 무교는 사람의 영혼을 불멸의 존재로 보는데 살아있는 사람은 영혼과 육신이 하나가 되어 있는 상태이고, 죽는다는 것은 영혼과 육신이 분리가 된다고 본다. 그런데 선하고 순탄하게 살아온 영혼은 저승에 들어가게 되고, 악하게 그리고 원한이 남아 있는 영혼은 저승으로 들어가지 못하고 살아있는 사람들을 괴롭히는 악령이 된다고 본다.

(2) 유교

유교에서는 죽음 자체에 무슨 큰 다른 의미를 두거나 죽음 후에 별다른 세상이 있다고 강조하지는 않는다. 유교는 사람이 죽으면 혼(魂)과 백(魄)으로 분리되어 혼은 공중에 떠다니는 신세가 되고, 백은 땅에 돌아가 흙으로 변한다고 보는 것이다. 그런데 혼백(魂魄)은 죽은 뒤 일정 동안 사라지지 않는다고 믿어 약 4대에 걸쳐 봉사 즉, 제사를 지내게 되는데 그 정성에 기대어 하늘로 올라간 혼(魂)은 신(神)이 되고, 땅으로 돌아간 백(魄)은 귀(鬼)가 된다고 본다. 결국 유교에서는 삶이란 혼백(魂魄)이 결합된 상태를 말하는 것이고, 죽음이란 혼백(魂魄)이 분리되어 자연으로 돌아가는 것을 말하는 것이다.

(3) 불교

불교에서는 죽음을 생명의 종말로 보지 않고 자신이 살아온 삶의 결과에 따라 윤회하는 과정이라고 본다. 그 윤회의 과정은 다른 종교와 다르게 죽음이라는 것은 영원히 사라져버리거나 저승의 어떤 세계에 가서 영원히 존재한다는 것이 아니다. 그러나 아무런 조건이 없이 사람이 태어나면 죽고, 죽으면 다시 태어나기를 반복하는 것이 아니다. 죽은 뒤 다시 태어날 때의 조건은 살아있을 때의 업(業)에 의해 정해진다는 것이다. 다시 말해서 살아 있는 동안에 사람으로 태어나는 업을 지었으면 사람으로, 짐승으로 태어나는 업을 지었으면 짐승으로 태어난다는 것이다. 따라서 사람은 윤회의 과정을 거쳐서 사람으로 태어날 수도 있고, 짐승으로 태어날 수도 있으며, 여러 가지 모습으로 태어날 수 있는 것이다.

(4) 이슬람교

이슬람교에서는 죽음을 현세 삶의 일단락으로 보지만 새로운 세계로 가는 길목으로 본다. 즉, 이슬람교에서는 죽음을 단순한 종말로 보는 것이 아니라 새로운 시작인데 고통으로부터의 해방이기 때문에 기쁨으로 본다는 것이다. 새로운 세계로 가는 근거로는 현세의 삶의 결과로 보는데 그 삶의 결과로 천국과 지옥에 간다고 본다. 삶의 결과로 천국에 가면 창조주와 만나지만 현세에서 지은 죄가 있으면 지옥에 가서 가혹한 징벌을 받는다고 한다. 그런데 이슬람교에서는 지옥은 잘못된 삶에 대한 영원한 형벌이 아니라 정화의 과정으로 지옥에서 영적으로 정화의 과정을 거치면 천국으로 갈 수 있다고 본다.

(5) 힌두교

힌두교는 고대로부터 내려오는 인도의 브라만교가 민간신앙과 융합되어 발전한 종교로 사상의 핵심은 윤회(輪廻)와 업(業) 그리고 해탈(解脫)의 길과 도덕적 행위의 중시, 경건한 신앙이라고 할 수 있다. 힌두교에서도 인간은 죽어서 무(無)로 돌아가는 것이 아니라 우주 안에서 끊임없이 태어나고 죽기를 반복한다는 윤회를 강조한다. 윤회에 의한 다음 생애는 '다르마' 즉, 모든 생명이 마땅히 따라야 할 본질에 따라 다음 생애가 고귀한 자로 태어나기도 하고 빈천한 자로 태어나기도 한다고 본다. 다시 말해서 다르마의 질에 의해서 다음 생애에 천신으로 태어나기도 하고, 짐승으로 태어나기도 한다는 것이다.

4. 사후세계

앞에서 죽음에 대해서 아주 간단하게 일반적인 정의와 의학적 관점의 이해 그리고 종교적 관점에서 살펴보았다. 물론 위에서 논한 종교는 세상에 있는 모든 종교가 아니다. 전통적으로 내려오는 무속과 우리가 알고 있는 그리고 많은 신자들을 가지고 있는 규모가 있는 종교에서 말하고 있는 죽음에 대해서 아주 간단하게 살펴본 것이다. 그런데 생물학적 관점에서 보는 죽음은 단회적이라는 즉, 인간이 태어나서 죽음의 정의에 입각하면 죽음으로 인생이 끝이라는 것이다.

그러나 종교적 관점에서 보는 죽음은 삶의 과정을 통해 영과 육이 분리되어 좋은 곳으로 간다든지 모양새는 다르지만 다시 태어난다는 즉, 인생의 연속성을 논하고 있다는 것이 공통점이다. 그렇다면 사후세계에 대해서는 어떻게 보고 있는지 동서(東西) 고대의 신화나 전설

그리고 종교의 경전들을 통해서 아주 간단하게 살펴보기로 한다.

1) 사후세계에 대한 인류의 관점

지금 언론에서는 '우주여행 시대'라고들 이야기한다. 과학이 발달하고 첨단과학 시대로 접어들다 보니 쉽게 받아들일 수 있는 단어임에 틀림없다. 미국 정부와 나사(NASA)에서는 80km 상공 이상을 우주와의 경계로 보고, 그 거리를 다녀옴으로 인해서 이제 우주여행 시대가 열렸다고 말한다. 위 내용을 전제로 '민간 최초 우주여행' 기록은 영국의 억만장자 리처드 브랜슨 버진그룹 회장이 세웠다. 그는 7월 11일(2021년) 자신이 설립한 우주여행 기업 버진 갤럭틱의 우주비행선 'VSS 유니티'를 타고 고도 86km까지 올라간 뒤 1시간 만에 돌아온 것이다. 그런데 단 9일 만에 그 기록이 깨진다. 같은 해 7월 20일에 아마존 창립자 제프 베이조스가 블루 오리진의 우주비행선 '뉴 셰퍼드'를 타고 우주여행에 나서 세계가 공인하는 '카르만 라인'[1]인 100km을 넘어 106km 상공에 도달하였다가 10분 만에 지구로 돌아온 것이다.

이처럼 과학 발달의 빠르기가 초스피드인데 이 과학으로 사후세계를 정의하고 설명할 수 있을까? 나는 과학적 사실로 사후세계를 객관적으로 설명했거나 사후세계의 존재 여부를 증명해 놓은 것을 보지 못했다. 아마 과학에서는 사후세계에 대해서 논하는 것 자체를 비과학으로 생각하는지는 모르겠다. 그러나 동서고금을 막

---

[1] 물리학자인 시어도어 폰 카르만이 정의한 지구 대기권과 우주의 경계선으로 고도 100km를 말한다.

론하고 사람들은 사후의 세계 즉, 영혼이 사는 세계가 있다는 것을 말하고 있다는 것이다. 한 예로 우리가 잘 알고 있는 피타고라스와 플라톤은 사후세계를 영혼을 육성하는 곳이라고 정의했다. 왜냐하면 그들은 사람에게는 영혼이 있는데 그 영혼이 육체에 갇혀서 진리를 얻어서 완성하기에 한계가 있으므로 죽음을 통해서 영혼을 해방시키고 완성시켜야 한다고 보았기 때문이다. 단, 그 사후세계는 사람들의 생전에 진리 탐구에 대한 자세와 열정에 따라 정해진다는 것을 전제로 한다.

2) 고대인들의 사후세계관

원시사회에서는 사후의 세계를 생전의 세계와 같다고 보았으며 그러기에 사후(死後)의 세계에서도 사전(死前)과 같은 생활을 하고 있다고 보았다. 그리고 사후의 세계는 사전의 세계와 장소도 가깝다고 보지만 좀 멀다고 보는 관점에서는 높은 산이나 계곡 그리고 섬에 있을 것이라는 정도이다. 그러나 중세나 근대에는 학문과 종교적 발전이 있었기에 여기서는 중세나 근대에 논의된 사후(死後)보다는 고대의 사람들이 사후세계를 어떻게 보았는가를 아주 간단하게 살펴보기로 한다.

(1) 고대 메소포타미아인의 사후세계

기원전 3,000년경에 수메르인과 아카드인은 티그리스, 유프라테스강 유역(메소포타미아)에서 우르와 우루크 등 많은 도시 국가를 만들었다. 그들은 청동기 문화를 만들었고, 설형 문자를 창출해냈으며, 숫자의 단위로 60진법을 썼고, 태음력을 만들 정도의 문화적 삶을 만들어냈다. 그런데 이들은 사후의 세계가 있음을 인정하면서 그 세계가 어둡고 음울한 지하에 있다고 생각했다. 수메르인은 이곳을 '쿠르'라고 칭했고, 아카드인은 '일시투라타리'라고 불렀다. 일시투라타리의 뜻은 불귀의 나라 즉, 두 번 다시 돌아올 수 없는 곳이라는 뜻이다. 불귀의 나라를 가기 위해서는 7개의 문을 통과해야 하는데 각각의 문에는 무서운 문지기가 지키고 있는데 이곳을 통과해야만 했다.

이와 별도로 메소포타미아의 「길가메시 서사시」를 보면 우르크의 왕이었던 길가메시의 모험 여정이 총 12편으로 되어 있는데 1-11편까지는 인간은 결국 죽을 수밖에 없는 유한한 존재라는 것을 말하고 있다. 12편의 내용을 보면 길가메시와 엔키두가 나무공 놀이를 하다가 공이 저승세계에 떨어지게 되는데 이 공을 주우러 엔키두가 저승세계에 내려갔다가 올라오지를 못했다. 그래서 길가메시가 신들에게 간청해서 그를 구해내는데 살아 돌아온 엔키두가 그가 보았던 저승세계에 대해 길가메시에게 자세히 설명하는 내용이다. 이렇게 「길가메시 서사시」는 인간의 피할 수 없는 죽음, 사후세계에 대한 두려움, 영생에 대한 갈망 등을 다룬 인류 최초의 서사시인데 그 내용 중에 나오는 '영생', '뱀', '불로초', '홍수' 등의 단어가 있다. 이 단어를 주의 깊게 볼 필요가 있다고 생각한다.

(2) 고대 이집트인의 사후세계

고대의 이집트인들은 현재의 삶을 행복하다고 생각했다. 그래서 그들은 죽은 후에 천국에서 부활하여 현세에서처럼 행복하게 살 수 있다고 믿었으며, 부활하려면 육체가 필요하다고 생각하여 죽은 사람을 위해서 미라를 만들었다는 것이다. 사실 이집트에는 수천의 신이 있는 신의 나라라고도 할 수 있다. 그 신들 중에서 불멸의 태양이 빛나고 있고, 꽃이 만발하여 있고, 싸움도 아픔도 질병도 없는 천국의 태양신인 '라'가 있고, 사람들의 사후세계를 주관하는 신인 '오시리스'가 있다.

죽은 사람은 천국에 갈 수 있는지 없는지를 오시리스가 여러 배심원 즉, 검사 호루스와 서기관인 토트 신 그리고 안내자이자 저울을 다는 아누비스 신과 벌을 주는 아뮤트 신이 지켜보는 가운데 재판을 하게 된다. 재판의 방법은 죽은 사람의 심장의 무게를 저울에 다는데 진리를 상징하는 깃털과 수평을 이루면 무죄 선고를 받고 내세의 천국에 들어갈 자격을 얻어 빛의 나라 즉, 천국에 들어가게 된다. 그러나 저울에 수평을 이루지 못하고 무겁거나 가벼운 사람은 죄가 많은 것으로 판단되어 아뮤트(악어의 머리, 사자의 갈기[2]와 하마의 다리를 하고 있음)에게 잡혀 먹히게 된다. 그래서 부모님이 돌아가시면 자식은 부모의 영혼이 안전하게 다음 세상에 도착하길 기원하는 기도문과 여러 가지 사건에 부딪칠 때 외우는 마법의 주문, 또 신들에 대한 서약에 대하여 적혀 있는 '사자의 서'를 함께 묻었다.

---

[2] 말이나 사자 따위의 목덜미에 난 긴 털

(3) 고대 그리스인의 사후세계

그리스의 신화에는 생명을 지니고 태어난 사람이 때가 되어 죽으면 가야 하는 곳이 나오는데 '하데스'란 곳이다. 그런데 하데스란 이름은 죽은 자들이 거처하는 곳이기도 하지만 죽음을 관장하고 죽음의 세계를 다스리는 신의 이름이기도 하다. 그런데 하데스라는 뜻은 보이지 않는 자라는 의미가 있어 죽음은 보이지 않게 찾아오기도 하지만 예고도 없이 찾아온다는 의미를 나타내는 말이기도 하다. 지상의 삶을 마치고 죽어서 하데스에 온 사람들은 '하데스'의 재판을 받고 살아 있을 때의 행위에 따라 세 군데로 나뉘어서 가게 된다.

하나는 지상에서 살 때 올바르게 산 사람, 착하게 산 사람들은 전설의 영웅들이 가는 천국으로 불리는 엘리시움(Elysium)으로 가게 된다. 여기에 온 사람들은 태양과 나무가 빛나는 평원에서 영생을 즐기게 된다. 두 번째는 지상에서 살 때 선과 악이 같은, 선악이 중간 정도인 사람들이 가는 밋밋한 들판인 아스포델로스의 뜰(Asphodel Fields)로 가게 된다. 그리고 마지막으로 신을 모독하거나 반역한 인간들 그리고 사악하고 위험한 존재들은 감금되어 벌을 받는 지옥 또는 감옥으로 묘사된 타르타로스(Tartarus)로 가게 된다. 그런데 이 타르타로스는 하늘과 땅과의 거리와 맞먹는 지하에 있는데 그 거리는 위에서 아래로 놋쇠 철침 나무를 떨어뜨렸을 때 9일 밤낮 동안 계속 떨어져 10일째에 도착하는 아주 먼 거리에 있으며, 안개가 자욱해 신들조차 기피하는 곳이다. 또한 이곳은 청동의 벽으로 덮여 있어서 누구도 도망갈 수 없는 무서운 곳이다.

(4) 고대 일본인의 사후세계

고대 일본인들은 사후세계를 천상과 지하 그리고 산과 바다 등 다양한 장소에 있다고 보았다. 일본 신화가 기록되어 있는 「일본서기」와 「고사기」에 보면 첫 번째 장소로 신과 천황의 영혼이 살고 있다고 하여 일본 왕권의 정당성을 뒷받침하는 타카마카하라와 두 번째 장소로 죽은 영혼들이 모이는 세상으로 아주 먼 바다 위에 있다고 생각하는 도코요노쿠니가 있다. 이곳은 왕족이 아닌 일반 사람들의 죽은 영혼이 모이는 세계로 불로불사의 나라로 언제나 향기가 좋은 귤나무에 열매가 맺혀있는 이상향이다. 그리고 세 번째 장소로 어둡고 더러운 땅으로 악령이 산다는 요미노쿠니(황천)가 있는데 여기에 스토리가 있다.

신화에 나오는 남편 이자나기와 부인인 이자나미가 있었다. 부인 이자나미가 죽자 남편은 부인이 그리워서 부인을 다시 이 세상으로 데려오기 위해서 요미노쿠니로 가게 된다. 요미노쿠니는 일반 영혼들이 가는 사후세계로 천국과 같은 곳이 아니라 더럽고 불결한 곳이다. 이자나기는 거기에서 부인 이자나미를 보게 되는데 부인의 몸이 부패해져서 온몸에 구더기가 들끓고 있는 것을 보았다. 이자나미는 남편에게 자기는 이미 '요모츠헤구이'라는 음식을 먹었다고 말했는데 이 음식을 먹게 되면 그 나라의 일원이 되는 것을 의미하기에 다시는 이생으로 돌아갈 수 없다는 것이다. 그런데 이 요미노쿠니는 어둡고 더럽고 무서운 곳이지만 결코 죄를 지은 사람의 영혼만이 가는 곳이 아니라 죽는 모든 사람의 영혼이 간다는 것이 좀 다르다.

(5) 고대 중국인의 사후세계

고대 중국인들은 사람에게는 '혼'과 '넋'이라는 두 종류의 영혼이 있는데 사람이 죽게 되면 이 두 영혼은 따로 분리되어 각각의 길로 간다고 보았다. 중국인들은 혼은 정신을 지배하는 영으로 보았고, 넋은 육체를 지배하는 영으로 본 것이다. 그런데 사후에는 일정 기간 혼은 위패 안에서 살다가 하늘로 올라가서 신이 된다고 믿었고, 넋은 땅속에서 살다가 사라진다고 믿었다. 이렇게 고대 중국인들은 지하에 죽은 자들이 거하는 세계가 있다고 생각을 했으며, 그곳을 황천(黃泉) 또는 구천(九泉)이라고 불렀다. 그리고 후에 중국인들은 운이 좋은 영혼은 없어지지 아니하고 죽지 않는 혼이 되어 곤륜산에 있는 낙원으로 올라가서 음악을 듣거나 춤을 추면서 영원히 즐겁게 산다고 믿고 있었다.

지금까지 고대인들의 사후세계관에 대해서 어느 한 책[3]을 참고로 해서 아주 간단하게 요약해서 살펴보았다. 여러 학자들이나 더 많은 종교에서 말한 내용들도 많은데 세계의 몇 군데의 종교와 고대인들을 중심으로 살펴본 것이다. 그 이유는 다른 많은 종교라든

---

3) 구사노 다쿠미, 「천국의 세계」, 박은희 옮김 (서울: ㈜ 삼양미디어, 2011)

지 여러 민족들이 가지고 있는 죽음관이나 사후세계관도 서로 천양지차는 아니고 대동소이로 보았기 때문이다.

이 내용들에서 보면 특별한 공통점이 있다.
첫째, 종교이든 고대인들의 생각이든 인간은 단회적으로 삶을 마감하는 것이 아니라는 것이다. 다시 말해 이생의 삶을 마치게 되면 사후의 세계에 간다는 것에 초점이 있어 보인다는 것이다. 둘째, 사후에 가는 세계는 좋은 곳(천국)과 좋지 않은 곳(지옥)의 개념으로 나눈다는 것이다. 셋째, 사후 좋은 곳과 나쁜 곳으로 가는 것은 이생에서 어떤 삶을 살았는가에 대한 결과라는 것이다.
아주 평범한 공통점이라고 할 수 있지만 나는 개인적으로 위의 내용들을 살펴보면서 느낀 것이 있었다. 첫째로 사람들은 예나 지금이나 죽음에 대해서 두려움을 가지고 있다는 것이다. 둘째로 사람들은 알게 모르게 자신들이 피조물이라는 것을 인식하고 있다는 것이다. 세 번째로 사람은 살아가면서 기본적으로 착하고 의미있게 살아야겠다는 사고를 가지고 있다는 것이다.

5. 생명의 시작은

얼마 전에 인터넷 기사를 검색하다가 4년 전에 모 경제신문에 났던 기사[4]를 보고 아주 흥미롭고 재미있게 읽었다. 내가 이 책을 쓰기 위해서 죽음과 사후세계를 공부하다 보니 생명의 시작도 체

---
4) https://www.sedaily.com/NewsView/1ONIYY20LA.

크 해보고 싶어서 검색해 본 기사이다. 분량이 많아서 몇 단락만 선택해서 옮겨본다.

《〈새로운 지질학적 발견으로 첫 생명체의 탄생 장소와 시점에 대한 의문과 논란이 다시 불거지고 있다. 바위는 철에 난 녹과도 같은 짙은 붉은 색이었고 회색 줄무늬가 있었다. 이 바위는 퀘백 북부의 허드슨만을 향해 내리막 경사를 이루고 있는 관목 툰드라 지대 위로 서 있었다. 이 바위는 마치 지구가 탄생될 때부터 이곳에 있어왔던 것 같았다. 이렇게 오래된 바위가 살아남아 있는 곳은 전 세계적으로도 드물다. 판구조와 무자비한 지각의 순환은 지구 표면을 반복적으로 갉아먹는다. 그린랜드나 서오스트레일리아처럼 대륙의 깊숙한 안쪽에 있는 극소수의 장소만 이런 운명을 모면했다. 생명의 기원의 흔적을 찾는 것이 전문인 과학자들은 이런 태고의 장소를 찾아 여행을 떠난다.

이런 바위에서 생명 역사의 첫 장이 만들어졌다. 과학자들은 그 기록을 읽고자 한다.

⋮

밴 크라넨동크를 비롯한 여러 사람들은 대신 신생 지구 표면의 염분 온천, 끓는 간헐 온천, 풍부한 기체가 생명 탄생을 위한 화학적 요람이 되었다고 보고 있다. 이것을 〈화산 세계〉라고 부른다. 여기서 시안화수소, 황화수소 화합물들이 담수를 모은다. 자외선을 받아가며 물이 생겼다가 말랐다를 반복하면서 이 화학물질들은 자기 복제가 가능한 형태로 결합되고 결국은 유전자 코드를 만들어냈다는 것이다. 연구자들은 DNA의 구성품들이 이런 식으로 만들어질 수 있다는 것을 실험실에서 증명해냈다. 그리고 밴 크라넨동크의 연구팀은 최근 오스트레일리아의 옛 온천에서 35억 년 전의 생명체의 흔적을 발견했다.

⋮

생명 기원의 문제는 빅뱅 이론만큼 화끈하거나 다윈의 '종의 기원'만큼이나 혼란스럽지는 않다. 그러나 이것도 꽤 오래 가는 문제이기는 하다. 이 문제는 우리의 첫 시작, 우리 모두를 만든 유전 물질과 화학 물질에 관한 문제이기 때문이다. 파피노와 도드의 결론이 옳았을 수도 틀렸을 수도 있다. 그러나 지구가 태어나자마자 얼마 안 되어 미생물들이 번성하기 시작한 것 같기는 하다. 비록 언제 어디서 시작되었는지에 대해 의견 일치는 보지 못했지만 지구가 태어난 지 얼마 안 된 시점이라는 데는 모두가 공감을 하고 있다.

⋮

언젠가 화성 또는 다른 곳의 암석에서 생명의 흔적이 발견된다면 지구의 생명이 독특한 것이라는 인식도 바뀔 거라고 파피노는 말하고 있다. 밴 크라넨동크 역시 그런 발견이 달에서 지구를 본 아폴로 우주비행사들의 시각만큼이나 영향을 줄 것이라고 말한다. "우주 속 인류의 입지에 매우 큰 충격을 줄 것이다."

그때까지 과학자들은 오지의 고대 암석에서, 생화학 연구소에서, 청정실의 현미경에서, 유니버시티 칼리지 런던에 있는 레인 실험실의 거품 이는 수조에서 늘 해왔던 대로 생명의 흔적을 찾을 것이다. 레인 실험실은 파피노 사무실에서 불과 한 블록 거리지만 완전히 다른 세계다. 레인은 생명 기원 반응기를 만들어 생명 탄생을 일으킨 화학 반응을 재현하고자 한다.〉〉

:

나는 모두(冒頭)에서 초스피드로 발전해가는 과학을 언급했는데 이 과학이 생명의 기원을 빨리 밝혀냈으면 좋겠다. 그것이 가능할지 가능하지 않을지도 물론 과학이 증명해 낼 것이다. 위의 기사를 보면 '첫 생명체의 탄생 장소와 시점', '생명 역사의 첫 장', '생명 탄생을 위한 화학적 요람', '35억 년 전의 생명체의 흔적을 발견', '지구가 태어난 지 얼마 안 된 시점', '생명 탄생을 일으킨 화학 반응을 재현' 등의 문구를 보면 지구는 자연적 탄생과 지금까지의 발전이 진행이 되어 왔다는 취지의 내용인 듯하다. 따라서 이제 불로초를 찾아다니는 시대가 아니고 첨단과학으로 조만간 우주여행을 일상화로 만들 수 있는 그 과학으로 지구의 시작과 생명의 시작의 객관적 진실을 찾아냈으면 하는 바람이 내 개인적으로는 엄청 높다.

참고로 나는 지난번에 「창조에서 구원에까지」라는 책을 썼는데 그 책에서 진화에 대해서 언급하면서 많은 과학자들이 연구한 것을 토대로 진화론 성립 여부를 과학자들의 연구 결과로 해서 소개한 바 있다.[5]

---

5) 이종덕, 「창조에서 구원에까지」 (서울: 비전북하우스, 2021),

자, 이제 성경으로 돌아가 보자.

물론 성경에도 사후의 세계에 대해서 아주 명확하게 기록이 되어 있다. 당연히 지구의 탄생과 인간의 출발 그리고 인간이 죽을 수밖에 없는 이유와 인간이 죽어서 갈 수밖에 없는 분명한 곳도 알려주고 있다. 나아가 인간이 말세에 경험하게 될 대환난과 성도의 휴거와 예수님의 재림, 첫 번째 부활과 천년왕국 그리고 백보좌 심판과 두 번째 부활 그리고 새 하늘과 새 땅에서 영원히 사는 축복의 삶과 불못에서 영원히 사는 징벌의 삶도 가르쳐 주고 있다. 어떻게 보면 그 과정들이 무섭기도 하지만 누구도 피할 수도 없는 길이다. 왜냐하면 우리 인간이 선택한 길이기 때문이다.

그러나 정말 중요한 것은 이러한 모든 내용들을 성경으로 들어가서 봐야 한다는 것이다. 즉, 성경을 인간의 지식으로만, 인간의 과학으로만, 인간의 상식으로만 들여다보면 안된다는 것이다. 하나님은 성경의 내용을 인간이 전혀 이해하지 못하도록 쓰시지 않았고, 그렇다고 인간의 지식과 과학으로 다 이해하도록 쓰시지도 않았기 때문이다. 따라서 성경을 하나님이 주신 지혜로 인간의 상황을 분석하면서 하나님의 관점으로 봐야 하는 것이 맞다는 것이다.

이 책에서는 죽음과 사후세계를 사람들이 어떻게 보는지를 앞에서 간단하게 살펴보았고, 2장부터는 여러 개로 나뉘어져 있는 천년왕국설을 간단하게 살펴보는 것을 시작으로 우리가 피할 수 없는 과정인 7년 대환난이 무엇인지를 살펴브고, 그 7년 대환난의 주도권자인 적그리스도를 성경적 정체와 상황적 정체로 구분해서 찾아볼 것이다. 그리고 대환난으로 가는 과정과 대환난의 상황과 환난 후 첫 번째 부활과 휴거 그리고 예수님의 재림과 천년왕국 그리고 백보좌 심판과 둘째 부활 그리고 새 하늘과 새 땅까지의 과정을 성경적 과정으로 알아보았다.

그런데 나는 7년 대환난을 거쳐야 하는 자들에게는 특권과 특혜가 주어졌다고 생각한다. 왜냐하면 끝까지 신앙을 지키면 휴거를 거쳐 그 누구도 갈 수 없는 천년왕국에 참여할 수 있고, 환난 기간 중에 끝까지 신앙을 지켜내기 위해 순교한 자들에게는 첫 번째 부활을 경험하고 휴거를 거쳐 천년왕국에 참여할 수 있기 때문이다. 그리고 이들은 예수님의 지상 재림에 동참하여 적그리스도의 최후와 그를 따르던 무리들의 최후의 장면들을 생생하게 목격할 수 있기 때문이다.

제2장

천년왕국설

제2장

천년왕국설

　우리는 성경에 있는 내용을 성경에 맞게 성경으로 설명을 해야 한다. 왜냐하면 성경이 하나님의 말씀이고, 하나님의 계획이고, 하나님의 사랑이기 때문이다. 그런데 성경의 내용을 인간의 지식과 경험으로 해석을 하려고 한다거나 인간의 상황에 맞게 적용을 하려고 한다거나 인간의 행복을 추구하려고 확대 해석을 한다거나 축소해석을 하는 경우를 볼 수 있다. 그리고 의도적으로 그러는지 아니면 몰라서 그러는지 성경을 왜곡하여 전달하는 경우도 쉽게 볼 수 있다. 성경을 그렇게 인간중심으로 해석을 하거나 전달을 하면 안된다. 왜냐하면 그렇게 했다가는 정말 돌이킬 수 없는 절망적 상황에 빠져버릴 수 있기 때문이다. 하나님은 우리 인간에게 말씀을 주실 때 인간 개개인의 지식으로 완벽하게 이해할 수 있도록 주신 것도 아니고 그렇다고 성경을 전혀 알지 못하도록 난해의 말씀으로 주신 것도 아니다.

나는 성경의 본질적 내용이 정확무오(正確無誤)한 하나님의 말씀임을 죽어도 믿는다는 믿음으로 하나님께 지혜를 구한다면 하나님께서는 주신 말씀의 의미와 방향을 정확하게 알려주신다는 것을 믿는다. 그렇지만 성경의 원래의 단어나 문맥을 여러 나라의 언어로 번역을 하다 보니 본질에서는 벗어나지 않았지만 내용 이해에 조금 난해한 경우도 있긴 하다. 그러나 성경을 왜곡하는 것을 넘어 아주 당당하게 거짓을 사실처럼 전하는 자들의 말이나 글을 보면 섬뜩하다는 생각이 든다.

성경에는 천년왕국이란 단어는 나오지 않는다. 요한계시록 20:4절의 "그리스도와 더불어 천 년 동안 왕 노릇 하니"를 근거로 해서 천년왕국이라는 말을 사용한다. 그런데 이 천년왕국에 참여하는 자들을 요한계시록 20:4절 중반절에서 분명하게 가르쳐주고 있다.

> 내가 보니 예수를 증언함과 하나님의 말씀 때문에 목 베임을 당한 자들의 영혼들과 또 짐승과 그의 우상에게 경배하지 아니하고 그들의 이마와 손에 그의 표를 받지 아니한 자들이 살아서(계 20:4)

사람들은 이 천년왕국설에 대해서 여러 가지로 이야기를 한다. 시대적 상황에 맞추다 보니 그럴 수도 있고, 앞에서 말했던 것처럼 사람 중심의 해석을 하다 보니 그렇다는 것이다. 그러나 나는 이 천년왕국설을 요한계시록 20:4절을 중심으로 생각하는 것이 맞다고 생각하여 8장 끝까지 그 의미로 썼다. 그리고 여기서는 쉽게 그리고 간단하게 정리는 했을지라도 성경의 본질에서는 결코 벗어나지 않았다는 것을 확언한다. 그럼 다른 많은 사람들이 주장하는 천년왕국설이 무엇인지를 살펴보도록 한다.

1. 천년설[6]이란

7년 대환난과 예수님의 재림은 한 울타리이다. 왜냐하면 예수님이 재림하시기 직전에 이 땅에는 7년이라는 기간 동안 특별히 후 3년 반 동안 대환난이 있을 것이기 때문이다. 덧붙여 말해보면 예수님께서 지상 재림을 하셔서 7년 대환난의 종지부를 찍으신다는 것이다. 사실 대환난이라는 말만 들어도 무섭다. 그러기에 사람들은 이 단어를 피해서 가려고 무진 애를 쓰나 보다. 그래서 그런지 아예 7년 대환난은 없을 것이란 말도 서슴지 않고 한다. 그냥 예수님이 재림하시면 교회는 아무런 핍박이나 환난을 겪지 않고 공중휴거 되었다가 예수님과 함께 재림하여 천년왕국에 들어간다는 주장도 있다. 그리고 휴거도 없이 그냥 예수님의 재림이 이루어진다고도 한다. 그렇다면 이 땅에 성경에 나와 있는 대환난이 발생하지 않게 되는 것이다. 그러나 천년왕국이 대환난과 예수님의 재림과 휴거와 첫째 부활이 필연적으로 연결되는데 그동안 사람들이 말한 천년설에 대해서 어떻게 이야기를 했는지 한번 간단하게 살펴보기로 한다.

---

6) 본 내용에 나오는 그림은 https://blog.naver.com/stchopeter/222257636354의 내용을 인용했음

1) 전천년설

　전천년설이란 천년왕국이 이루어지기 전에 예수님이 이 땅에 다시 오신다는 것을 믿는 설이다. 이 설은 요한계시록 20:1-6절을 근거로 삼아 천년왕국이 이루어지기 전어 예수님이 재림하신다는 것이다. 중요한 것은 이 전천년설을 믿는 사람들은 다른 설을 믿는 사람들 즉, 천 년을 상징적인 단어로 생각하는 사람들과 달리 천 년을 문자 그대로 받아들인다는 것이다. 그리고 현재 진행되고 있는 교회 시대가 대환난이 올 때까지 지속된다고 본다. 다시 말해 교회 시대의 끝에 대환난이 오고, 그 무서운 환난이 끝나게 되면 예수님이 이 땅에 재림하셔서 천년왕국을 세운다는 것이다.

　그런데 전천년설의 핵심은 이때 예수님께서 십자가에서 죽으셨다가 3일 만에 부활하셨고, 부활하신 후 40여 일 후에 하늘에 올라가시면서 하셨던 말씀과 천사가 제시해 준 "갈릴리 사람들아, 어찌하여 서서 하늘을 쳐다보느냐. 너희 가운데서 하늘로 올려지신 이 예수는 하늘로 가심을 본 그대로 오시리라."(행 1:11)라는 말씀처럼 부활하신 그 몸으로 오신다는 것이다. 전천년설은 대환난 기간 동안 신앙을 지키기 위해 순교했던 성도들이 부활하고, 환난 기간에 신앙을 끝까지 지킨 성도들과 함께 예수님이 재림하실 때 휴거가 되어 공중에서 예수님을 맞게 되고, 예수님과 함께 이 땅에 내려오게 된다는 설이다. 이렇게 재림하신 예수님은 왕으로서 천 년 동안 이 땅을 다스린다는 것이 전천년설의 핵심이다.

그런데 전천년설을 믿는 사람들 중에도 이견(異見)을 보이는 부분이 있다. 그것은 휴거에 관한 시기의 차이다. 다시 말해 성도들의 휴거가 언제 이루어지느냐에 따라서 역사적 전천년설과 세대주의적 전천년설로 나누인다는 것이다.

(1) 역사적 전천년설

역사적 전천년설에서는 예수님이 재림하시기 전에 다음과 같은 일들이 과정적으로 벌어진다고 본다. 전 세계가 복음화가 진행이 되고, 7년 대환난이 벌어지게 되며, 그에 따라 대 반역과 배도가 일어나게 되고, 7년 대환난 기간 동안에 적그리스도가 공식적으로 출현하게 된다는 것이다. 교회는 이 최후의 환난 과정을 반드시 통과해야만 한다고 본다.

7년 대환난이 끝나고 예수님이 재림하실 때 환난 기간 동안에 특히 7년 환난 기간 중 후 3년 반 동안에 적그리스도의 핍박으로 죽은 신자들은 부활하게 되고, 그때까지 환난을 견디고 살아남은 신자들과 같이 하늘에 들림(휴거)을 받아 공중에서 예수님을 영접하게 된다. 다시 말해서 역사적 전천년설은 교회가 대환난에 참여하게 되고, 환난이 끝나게 되면 예수님이 재림하시게 되는 단회적 재림을 주장하는 것이다. 이것이 환난 후에 일어날 것으로 믿어지는 공중 휴거이다. 그 후에 예수님과 함께 지상으로 내려온 신자들은 예수님께 심판받아 무저갱에 갇히게 되는 사탄과 적그리스도와 거짓 그리스도의 최후와 예수님을 믿지 않은 모든 자들의 최후를 보게 된다. 이후에 예수님이 다스리시는 천년왕국이 지상에서 이루어지고 환난을 이겨낸 신자들은 모두 왕 노릇을 하면서 천 년을 지내게 된다.

천년왕국 시기에도 죄와 악이 존재는 하지만 의가 온 세계를 지배한다고 보는데 천 년의 기간이 끝날 무렵에 무저갱에 갇혀있던 사탄이 잠시 풀려나와 사람들을 다시 한번 미혹하게 될 것이다. 사탄은 곡과 마곡의 전쟁을 위해 반역하는 나라들을 모아들여 그들을 이끌고 성도들을 공격할 것이며, 죄와 악에 노출되어 있던 자들을 모아 예수님께 대항하게 된다. 그러나 사탄은 하늘로부터 내려오는 불로 심판을 받게 될 것이고, 이제 이 땅에서 완전히 소멸되어 불못에 던져지게 된다. 그리고 천년왕국 전에 죽었던 모든 사람들이 백보좌 심판을 받게 되는데 이때 생명책에 이름이 기록된 자들은 천 년 동안 왕 노릇 하며 살았던 성도들과 함께 새 하늘과 새 땅에 들어가게 되고, 생명책에 이름이 기록되지 않은 자들은 영원한 불못으로 들어가게 되는 것이다. 위의 내용을 간략하게 새 하늘과 새 땅까지를 정리해보면 다음과 같다.

7년 환난 후 예수님의 재림 — 환난 기간 중 죽은 성도의 부활(계 20:5-6) — 부활한 성도와 생존한 성도의 예수님 공중 영접(성도의 휴거, 살전 4:16-17) — 예수님의 지상 재림과 사탄의 감금(계

20:2-3) ─ 천년왕국 건설과 성도들의 참여(계 20:4) ─ 천년왕국 후 곡과 마곡 전쟁으로 사탄의 소멸(계 20:8-9) ─ 사탄의 최후, 불과 유황 못에 던져짐(계 20:10) ─ 둘째 부활과 최후의 심판(① 불신자의 불못 행, 계 20:11-15; ② 성도의 새 하늘과 새 땅 행, 계 21:1)

역사적 전천년설(Historycal Pre-millennialism, 환난 후 재림설)

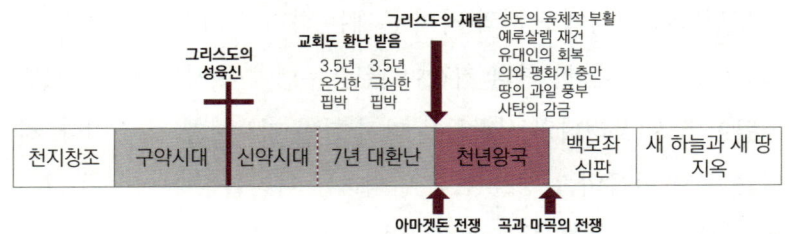

대표적인 학자로는 저스틴(Justin), 이레네우스(Irenaeus), 터툴리안(Tertullian), 앤드류스(Andrews), 호프만(J. Hofmann), 랑게(J.P. Lange), 고뎃(F. Godet), 잔(Zahn), 벵겔(J.A. Bengel), 알포드(H. Alford), 무어헤드(Moorhead), 트랜취(R.C. Trench), 엘리콧(C.J. Ellicott), 박형룡 등이 있다.

(2) 세대주의적 전천년설

세대주의적 전천년설은 예수님이 재림 후에 천년왕국이 진행이 된다는 전천년설을 주장하면서도 역사적 전천년설과 전혀 다른 주장을 하고 있는 것이 있다. 그것은 대환난 전에 예수님의 공중 재림이 있게 될 것이고, 그때 교회의 공중 휴거가 이루어질 것이며, 환난이 끝난 후에 휴거가 된 성도들이 예수님과 함께 지상에 내려온다는 주장이다. 다시 말해 예수님은 두 번의 재림(공중 재림과 지상 재림)과 교회는 지상에서 있을 대환난을 겪지 않는다고 보는 것이 역사적 전천년설과 큰 차이인 것이다.

조금 구체적으로 설명하면 예수님의 재림은 두 번에 걸쳐 이루어지게 되는데 예수님의 첫 번째 재림인 공중 재림 때에 구약의 성도들을 제외한 모든 참 신자는 부활하게 되어 살아있는 신자들과 함께 휴거가 이루어진다는 것이다. 휴거가 된 이들은 하늘에서 7년 동안 예수님과 잔치에 참여하게 되는데 다니엘서의 예언에 나타난 70 이레의 마지막 70번째 주에 대한 예언의 성취로 본다. 그 후에 예수님의 지상 재림이 이루어진다고 보는 것이다.

그런데 교회가 공중 휴거가 되어 하늘에 머무는 7년 동안 지상에는 적그리스도가 잔인한 통치를 하게 될 것이고, 무서운 재앙이 땅에 임하는 대환난을 겪게 될 것이다. 그럼에도 복음이 전파되며 이스라엘의 남은 자들이(천년왕국에 들어갈 유대인 14만 4천 명) 뒤늦게 회개하고 또 회개한 이방인들이 예수 그리스도에게 돌아오게 된다. 그리고 땅의 왕들과 짐승들의 군대와 거짓 선지자들이 함께 모여 하나님의 백성들을 대적하며 아마겟돈 전쟁을 벌인다.

7년의 대환난이 끝나고 예수님은 휴거 됐던 교회와 더불어 지상에 재림하게 되며, 지상에 재림하셔서 원수들을 멸망시키시고 아마겟돈 전쟁을 끝낸다. 그리고 마귀는 결박되어 무저갱 속에 천 년 동안 갇히게 되며, 7년 환난기 동안 죽은 성도들이 부활하게 되는데 이때 구약의 성도들도 드디어 부활하게 되어 모두 천상의 교회에 합류하게 된다. 그 뒤에 살아있는 이방인들과 이스라엘에 대한 심판이 이루어지는데 심판을 통과한 자들은 천 년 통치에 들어가 복을 누리게 된다. 천 년이 끝날 무렵 사탄의 반란이 있지만 역사적 전천년설과 마찬가지로 진압되어 사탄은 지옥에 들어가게 되고, 천 년 동안 죽은 모든 신자들은 부활하게 된다. 그런데 모든 믿지 않고 죽었던 자들도 부활하여 백 보좌 앞에서 심판을 받게 되는데 이것이 두 번째 사망이다. 이후로는 최종적으로 어떤 죽음이나 불완전함도 없는 완전한 나라가 이뤄지게 된다고 보는 설이 세대주의적 전천년설이다. 위의 내용을 간단하게 정리해보면 다음과 같다.

예수님의 공중 재림 — 성도와 죽었던 성도들이 신령한 몸으로 부활하여 공중에 들림(휴거) — 휴거 된 성도들은 어린양의 혼인 잔치에 참여 — 지상에서는 적그리스도가 출현하여 7년 환난을 주도 — 이스라엘의 대거 회심 — 7년 후 예수님의 지상 재림과 천년 왕국 건설 — 사탄은 천 년 동안 무저갱에 갇힘 — 천 년 후에 사탄의 잠시 석방 — 곡과 마곡의 전쟁 — 사탄이 불과 유황 못(지옥)에 던져짐 — 악인의 부활과 대 심판 — 새 하늘과 새 땅 건설

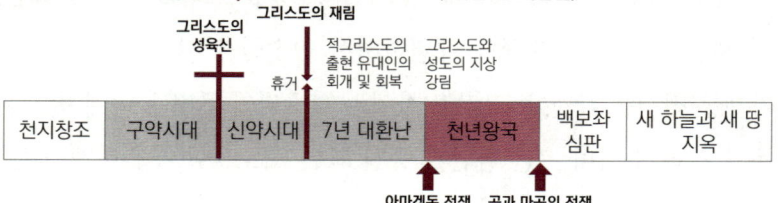

세대주의적 전천년설은 미국의 침례파와 성결파 그리고 오순절파에서 영향을 주었는데 대표적인 인물로는 달비(John N. Darby), 어빙(Edward Irving), 켈리(W. Kelly), 스코필드(C.I. Scofield), 블랙스톤(W.E. Blackstone), 그레이(J. Gray), 불링거(E.W. Bullinger), 그랜트(F.W. Grant) 등이 있다.

2) 후천년설

후천년설은 예수님의 재림이 있기 전에 천년왕국이 진행된다고 보는 설이다. 다시 말하면 천년왕국이 완성된 후에 예수님이 재림하신다는 것이다. 여기서 말하는 천년왕국은 현세대(신약시대)의 종말에 가서 복음이 크게 확장되고, 악이 감소 되며, 교회가 크게 부흥하여 기독교적인 이상 사회가 완성된다고 믿는다. 즉, 복음이 더 전파되면 교회가 더 성장하게 되는데 성장하게 되면 예수님을 믿는 사람들이 더 많이 늘어나게 되고, 그렇게 되면 기독교의 영향력이 더 커지기 때문에 세상은 점점 더 하나님의 뜻에 맞추어지게 된다고 본다. 그래서 평화와 의의 천 년 시기가 이 땅에서 펼쳐지게 되는데 그 천 년이 정확한 수치의 천 년은 아니지만 그 천 년만큼의 오랜 세월로 보는 것이다.

후천년설에 의하면 이 천 년 시기가 끝나는 시점에 예수님이 이 땅 위에 재림하시게 되고, 이때 예수님을 믿은 자와 믿지 않은 자가 모두 부활해서 마지막 심판을 받게 된다. 그 후에 비로소 새 하늘과 새 땅이 시작된다고 보는 것이다. 정리해보면 후천년설은 예수님이 재림하셔서 천년왕국을 형성하여 다스리시는 것이 아니고 천년왕국이 끝나면 왕으로 오신다는 것이다. 그리고 활발한 전도와 선교활동으로 세계 대부분의 사람들이 회개를 하게 될 것이고, 그리스도인이 된다는 것이다.

특별히 이 시기에 유대인들이 회심하게 될 것이고, 교회의 황금기가 진행이 될 것이다. 이러한 교회의 황금기가 끝나갈 무렵 마귀가 잠시 풀려나 큰 핍박과 곤란과 환난이 발생하게 된다. 그러나 이 환난기의 마지막에 예수님이 재림하시고, 현재의 하늘과 땅은 멸망하게 되고, 새 하늘과 새 땅이 도래하는 최후의 심판으로 마무리될 것으로 본다. 그런데 이 후천년설에도 보수주의적 후천년설(Conservative Post-millennialism)과 자유주의적 후천년설(liberalistic Post-millennialism)이 있다.

(1) 보수주의적 후천년설(Conservative Post-millennialism)

복음전파의 확산으로 세상이 영적인 부흥이 이루어지며 진보적 발전이 이루어져 문자적으로 천년왕국을 누린다는 설이다. 그 후 짧은 배교의 시기가 있어 선의 세력과 악의 세력 간의 극심한 싸움이 진행이 되는데 이때 예수님께서 재림하신다는 것이다. 이때 성도들이 부활을 하게 되고, 백보좌 심판을 거쳐 세상의 역사가 마무리된다고 보는 설이다.

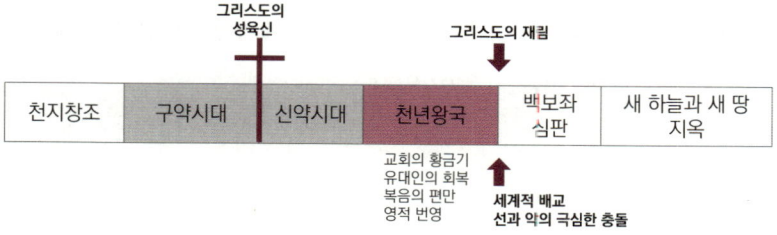

(2) 자유주의적 후천년설

자유주의 신학의 관점으로 보면 이들은 예수님을 신으로 생각하지 않으며, 그러기에 하나님의 아들로 생각하지 않는다. 이 신학에서는 초월적인 하나님이나 영적 세계를 인정하지 않기 때문에 예수님의 재림도 인정하지 않는다. 그들은 예수님을 위대한 도덕가로 보고, 예수님의 교훈으로 세상이 점점 좋아져서 지상 낙원이 이루어지게 되는데 이 지상 낙원을 천년왕국으로 본다. 즉, 천년왕국은 지상 낙원에 대한 상징적인 용어로 보는 것이다.

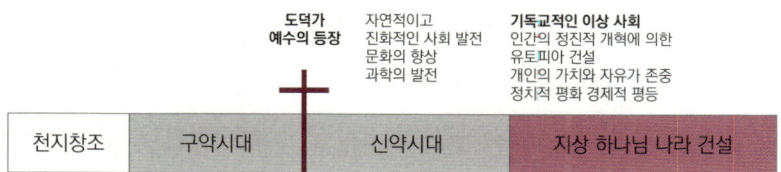

후천년설을 주장하는 학자로는 감리교 계통의 알미니안 신학자들이 대부분인데 왓슨(Richard Watson), 포프(Pope), 레이몬드(Raymond),

웨이크필드(Wakefield), 마일리(Miley) 등이며, 개혁주의 신학자인 찰스 핫지(Charles Hodge)와 그의 아들 핫지(A.A. Hodge), 스트롱(A.H. Strong), 쉐드(Shedd), 보이스(Boyce) 등이 있다.

3) 무천년설

무천년설에서는 천년왕국에 대해서 상징적으로 보고 있다. 즉, 요한계시록 20:1-6절에 나오는 천 년은 문자적인 천 년이 아니라 상징적인 천 년으로 본다는 것이다. 그래서 예수님께서 이 땅에 재림하셔서 왕국을 건설하여 왕으로서 다스리는 천년왕국은 없고, 지금이 바로 천년왕국의 시대인 교회 시대라는 것이다. 즉, 오순절 성령 강림부터 예수님의 재림 때까지를 천년왕국으로는 보는 것이다. 이 설을 주장하는 자들은 대환난을 과거 역사 속에 일어난 일로 보는 등 휴거, 666, 첫째 부활, 사탄의 천 년 결박 등을 상징으로 본다는 것이다.

이들은 이 교회 시대 안에서 사탄은 결박을 당할 것이고, 첫째 부활 즉, 중생(첫째 부활을 중생으로 봄)에 참여한 성도들이 예수님과 함께 왕 노릇을 한다는 것인데 여기서의 왕 노릇은 예수 그리스도를 본받아 사는 삶으로 십자가를 따르는 삶이라는 것이다. 그런데 여기 무천년설에서는 천 년 기 즉, 교회 시대가 끝나갈 무렵에 사탄이 잠시 풀려나서 교회와 성도들을 괴롭히는 환난이 일어난다고 본다. 이들에 의하면 이러한 교회 시대는 예수님이 오실 때까지 지속될 것이며, 예수님이 이 땅에 오시는 즉, 재림의 때가 오면 육적으로 죽었던 모든 사람들이 부활하여 몸과 영이 다시 결합될 것이라고 한다.

그런데 이 설은 부활도 심판도 단 한 번뿐이라는 주장이다. 그래서 예수님이 재림하시면서 산 자와 죽은 자를 심판하여 믿는 자는 영원한 천국에 들어가게 되고, 믿지 않는 자들은 최후의 심판으로 영벌(永罰)을 받는다고 보는데 바로 이때부터 새 하늘과 새 땅이 시작된다는 것이다. 따라서 무천년설에서는 천년왕국이 실제로 존재하는 나라가 아니라 일종의 이상향이며, '천 년'이란 단지 '완전'하고 '길다'라는 뜻을 의미하기에 천년왕국은 어떤 특정 왕국의 기간이 아니라는 것이다. 다시 말해 무천년설은 성경에서 예언한 것들을 미래적인 것으로 보지 않고 역사적인 것이나 상징적인 것으로 본다는 것이다. 일부 무천년주의자들은 예수님의 재림이 때와 상관없이 오실 것이라고 주장한다. 그러나 일부에서는 예수님의 재림의 어떤 징후가 있을 것이라고 말하기도 한다.

무천년설의 진행 과정은 다음과 같다.
천년왕국 기간(신약시대), 사탄은 결박(계 20:2-3), 첫째 부활(중생에 참여한 성도들의 복음의 권위로 영적 왕 노릇) ― 대배교와 대환난 ― 예수님의 재림 ― 부활과 성도의 공중 영접(휴거)과 지상 재림 ― 백 보좌 심판(둘째 사망) ― 새 하늘과 새 땅

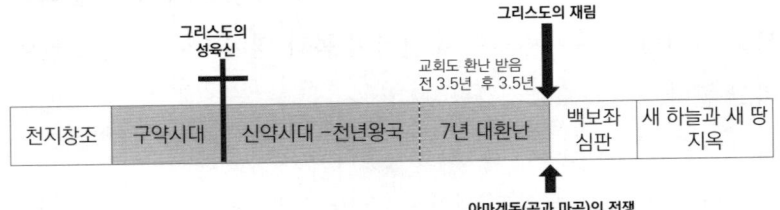

무천년설은 개혁교회와 루터교회 그리고 감리교와 정통 장로교회 계통의 보수주의자들이 지지하고 있다. 그것은 어거스틴을 통해 세워진 이론이 천주교에 정착이 되고 이후에 칼빈과 청교도들에 답습되어 장로교에는 교리로 정착이 되었던 것이다. 이 설의 대표적인 학자로는 어거스틴(Augustine), 칼빈(J. Calvin), 벌코프(L. Berkhof), 게할더스 보스(G. Vos), 해밀턴(Floyd E. Hamilton), 아브라함 카이퍼(A. Kuyper), 바빙크(H. Bavinck), 존 머레이(J. L. Murray), 헨드릭슨(W. Hendriksen) 등이 있다.

2. 성경에서 보아야 할 천년왕국

위에서 천년왕국에 대한 여러 자료들을 정리하여 나름대로 객관적으로 써 보았다. 공감이 가는 내용도 있고 공감이 가지 않는 내용도 있다. 그러나 이러한 내용들도 우리가 신앙생활을 하면서 피해갈 수 없는 것인데 반드시 정확한 내용을 봐야 한다는 말을 하고 싶다. 성경을 잘못 왜곡하고 거부하고 싶은 자들이 많을 텐데 우리가 거기에 빠져버린다면 어떻게 될까? 구원하고는 관계없는 자이면서 마치도 구원받은 사람인냥 살다가 돌이킬 수 없는 마지막에야 구원하고 전혀 관계없다는 것을 알게 되면 어떻게 될까? 정말 누구든지 구원에 대한 확신(確信)을 확인(確認)해야 한다. 내가 전에 쓴 책에서 구원의 확신을 확인할 수 있는 내용을 정리한 바 있다.[7]

1) 성경을 바라보아야 하는 시각
물론 천년왕국설은 구원받는 방법을 논한 것이 아니고 구원의 길의 한 과정으로 누가, 언제, 어떻게 그곳에 가는지를 논한 내용이다. 우려되는 것은 그럼에도 불구하고 많은 이단들이 이 천년왕국설을 악용하여 성도들을 현혹시키는 일들이 너무 많다는 것이다. 더 조심스러운 것은 이단이 아님에도 불구하고 천년왕국을 인간의 관점에서 바라보는 경향이 많이 있다는 것이다. 즉, 세상적 지식과 시대적 상황 그리고 인간의 이해 한계 등을 감안하여 인간이 이해할 수 있는 상식과 논리에 충실하게 맞추어 설명한 내용들이 많다는 것이다. 물론 천년왕국뿐만이 아니라 성경의 내용들을 하나님이 주신 뜻대로 보는 것이 아니라 인간의 지식에 맞추어서 해석하려고 하는 경우도 많이 있다는 것도 사실이다. 고의적이든 고의적이 아니든 무섭다. 예수님께서 바리새인과 서기관들을 훈계하신 후에 말씀하신 것을 보면 더 그렇다.

> 그냥 두라. 그들은 맹인이 되어 맹인을 인도하는 자로다. 만일 맹인이 맹인을 인도하면 둘이 다 구덩이에 빠지리라(마 15:14)

---
7) 이종덕, 「창조에서 구원에까지」 (서울: 비전북하우스, 2021)

그 전에 예수님은 산상수훈에서 아주 강하게 그리고 반드시 잘못 가르치는 자들을 조심하고, 올바른 신앙의 태도를 가질 것을 말씀하셨다.

> 거짓 선지자들을 삼가라. 양의 옷을 입고 너희에게 나아오나 속에는 노략질하는 이리라(마 7:15)

결국 성경은 하나님의 말씀이기에 성경에서 벗어나면 안된다는 것이다. 그러기에 성경을 누구의 관점에서 보아야 하느냐가 중요하다는 것이다. 하나님이 주신 말씀을 인간의 지식으로 완벽하게 이해해 내지 못할 수도 있지만 하나님이 주신 말씀을 전혀 알지 못하게 어렵게 쓰신 것은 아니다. 그렇다고 성경을 인간이 몽땅 쉽게 알아버리도록 써서 주신 것도 아니다. 그래서 하나님의 말씀을 인간의 지식과 생각에 맞추어서 해석을 한다든지 그리고 성경의 내용을 인간의 고난이 아닌 형통으로만 해석한다는 것은 위험하다는 것이다.

이러한 것은 위의 성구에 나온 인도하는 '맹인'이라고 거론된 자들이라든지 '거짓 선지자'라든지 그리고 다른 성구에 나오는 거짓 그리스도(막 13:22), 거짓 선지자(막 13:22), 거짓 사도(고후 11:13), 삯꾼(요 10:12) 등의 공통적인 행위인 것이다. 우리는 이렇게 성도들을 호도하고 자기들의 이윤에 끌어들이기 위한 이단들의 행태들과 사탄의 도구가 되어 성도들을 구덩이에 빠뜨리려고 하는 의도적인 맹인들은 정말 조심해야 한다. 그러나 그들과 달리 성경을 연구하고 올바르게 해석하려고 하는 여러 학자들의 다른 견해들이 있다는 것도 간과해서는 안된다. 물론 그것은 시대와 상황에 맞추어 적용하려다 보니 그런 의견이 나온 것이다.

천년왕국론은 구원을 받는 방법이 아니고 구원받은 자들이 새 하늘과 새 땅에 들어가기까지의 마지막 과정의 하나이기에 성경적 근거를 둔 팩트를 잘 이해하는 것이 필요하다고 생각한다. 따라서 가장 중요하고 우선인 것은 새 하늘과 새 땅에 들어갈 수 있는 자격을 얻는 것이다. 왜냐하면 새 하늘과 새 땅에 들어가는 것이 그리 쉽지가 않기 때문이다. 특별히 말세지말에는 더더욱 어렵고 힘들다는 것이다. 나는 앞에서 각 천년설을 주장하는 사람들의 내용을 나름대로 정리해서 아주 간단하게 소개했지만 그 내용들에 영향을 받아서 이 책을 쓴 것은 아니다. 성경으로 들어가서 성경 안에서 걷다가 성경에서 나왔다고 자부한다.

2) 천년왕국의 의미

천년왕국이라는 말은 정말 예민하고 조심스러운 단어이다. '천년왕국'이란 말을 많은 이단(異端)들이 자기들의 교리의 한복판에 넣고 사람들을 현혹하여 재물을 갈취한다든지 성을 착취한다든지 하여 멸망의 길로 유도한 것이 그들의 역사이고 현재이고 미래이다. 그리고 정치적으로 핍박을 받는 나라들이 핍박으로부터 해방

되는 것과 천년왕국을 연결하려고 끼워 맞추려고 한 것도 사실이다. 그리고 많은 학자들이 이 단어를 성경의 이곳저곳과 연결하여 천 년이라는 시간을 맞추려고 한다든지 그 천 년의 시기가 언제인지를 맞추려고 하다가 오류가 생겨 혼란을 주기도 하고 해서 신뢰가 떨어진 단어이기도 하다.

'천년왕국'이란 말이 국어사전에는 "그리스도가 재림하여 천 년 동안 다스릴 것이라고 믿는 이상의 왕국"이라고 나와 있다. 아마 천년왕국을 확정적인 나라로 인정을 한다면 "그리스도가 재림하여 천 년 동안 다스리게 될 왕국"이라고 해야 맞다. 그런데 사전을 보면 '다스릴 것이라고 믿는 이상의'라는 표현을 썼다. 이 표현을 좀 더 생각해 보면 '확증성'보다 '추측성'이 농후하다는 것이다. 따라서 이 말은 '다스릴 것이라고 믿는'이라고 하는 표현이 맞다는 것이다. 내가 이렇게 논하는 것은 사전적 언어 표현을 재해석하려고 하는 것이 아니라 내용의 본질을 더 정확히 짚고 가고 싶어서이다.

다음으로 '이상(理想)의'라는 단어이다. 이 단어의 사전적 의미는 "생각할 수 있는 범위 안에서 가장 완전하다고 여겨지는 상태"라는 뜻으로 정말 좋은 단어이다. 그런데 이 단어를 더 살펴보면 "절대적인 지성이나 감정의 최고 형태로 실현 가능한 상대적 이상과 도달 불가능한 절대적 이상으로 구별할 수 있다."라고 설명하고 있다. 그러니까 '이상'은 '실현 가능한 상대적 이상'과 '도달 불가능한 절대적 이상'으로 구분하고 있다는 것이다. 이렇게 사전에서 말하는 천년왕국을 '이상 국가'라고 하면서 후자를 적용한다면 천년왕국의 존재 자체를 인정하지 않게 된다는 것이다.

다른 사전에서 이 단어를 찾아봐도 비슷한 의미로 설명이 되어 있다. 그동안 여러 설들로 혼선도 있었고, 문제도 있었기에 확정적 내용으로 정리해 놓은 사전이 없어 보인다. 그래서 우리는 천년왕국에 대해서 "그리스도가 재림하여 천 년 동안 다스리게 될 왕국"이라고 정의를 확정하고 가야 한다는 것이다.

사실 성경에는 '천년왕국'라고 직설적으로 표현된 단어는 없다. 그럼에도 불구하고 천년설이란 용어가 여러 의견으로 나뉘고 갈려 혼선을 주고 있고 그래서 반드시 알고 가야 해서 천년설에 대해서 앞에서 간단하게 살펴본 것이다. 그 천년설, 천년왕국이라는 말의 출처는 요한계시록 20:1-6절에 나오는 말씀이라고 본다.

> 또 내가 보좌들을 보니 거기에 앉은 자들이 있어 심판하는 권세를 받았더라. 또 내가 보니 예수를 증언함과 하나님의 말씀 때문에 목 베임을 당한 자들의 영혼들과 또 짐승과 그의 우상에게 경배하지 아니하고 그들의 이마와 손에 그의 표를 받지 아니한 자들이 살아서 그리스도와 더불어 천 년 동안 왕 노릇 하니(계 20:4)

여기서 그 '천 년'을 보여주고 있지만 성경 전체의 흐름을 보면 확실한 단어라고 볼 수 있다. 어떤 사람들은 이 '천 년'이 상징적 숫자라고 보는데 그 이유를 베드로후서 3:8절을 예로 든다. 그 말씀을 보면 "사랑하는 자들아 주께는 하루가 천 년 같고 천 년이 하루 같다는 이 한 가지를 잊지 말라."라고 되어 있다. 여기 '하루가 천 년 같고 천 년이 하루 같다'는 말을 인용하여 사람들은 하루를 천 년과 같은 안목으로 보아 '천 년'을 수치 그대로 적용을 하지 않는다는 것이다.

나는 베드로후서 3:8절에 나오는 말씀은 예수님이 재림하시게 되면 세상이 심판을 받아 멸망하게 될 것인데 그렇게 되면 구원받지 못하는 사람들이 많을 것이고 그래서 예수님이 오시기 전에 빨리 회개하라는 권고의 말씀으로 본다. 베드로는 이미 베드로전서 4:7절에서 "만물의 마지막이 가까이 왔으니 그러므로 너희는 정신을 차리고 근신하여 기도하라."라고 하여 세상의 마지막이 가까이 왔다고 하면서 우리가 어떻게 살아야 할 것인가를 제시해 주고 있다. 그리고 베드로는 베드로후서 3:9절을 통하여 인간의 구원을 위한 예수님의 마음을 전달하고 있다.

> 주의 약속은 어떤 이들이 더디다고 생각하는 것 같이 더딘 것이 아니라 오직 주께서는 너희를 대하여 오래 참으사 아무도 멸망하지 아니하고 다 회개하기에 이르기를 원하시느니라(벧후 3:9)

아무도 멸망하지 않고 회개하고 돌아오기를 하루가 천 년 같고 천 년이 하루 같은 애틋한 마음으로 기다리시는 예수님의 사랑의 마음을 표현한 것이다. 물론 사람들은 이러한 예수님의 마음을 전달하는 것이 아니라 베드로후서 3:8절에 나오는 '천 년'이라는 숫자가 하루와 같이 짧다고 해석하여 천년왕국설을 인정하지 않으려고 한다는 것이다.

3) 천년왕국의 시기

천년왕국은 말세지말(末世之末)과 7년 대환난 그리고 순교와 첫째 부활과 휴거 그리고 예수님의 재림 절차와 밀접하게 연결이 되어 있다. 왜냐하면 이런 절차를 거쳐 천년왕국이 이루어지기 때문이다. 그런데 여기 말세(末世)란 단어는 "도덕, 풍속 따위가 아주 쇠퇴하여 끝판이 다 된 세상"이라는 뜻과 기독교적으로는 "예수가 탄생한 때부터 재림할 때까지의 세상"이라고 한다. 그래서 이 '말세'(末世)란 말에 '지말'(之末)이 붙어서 '그런 세상의 마지막'이라고 할 수 있는 것이다.

결국 이 세상의 마무리는 예수님의 재림이라는 것이다. 그렇다고 예수님의 재림을 통한 천년왕국이 언제 어디서 이루어진다고 확정된 성구도 없다. 그렇지만 성경 여기저기에 나오는 예수님이 재림하시기 전의 세상의 상황과 예수님이 직접 하신 말씀들을 보면 말세지말이 어느 시점이라는 것을 어느 정도는 인지(認知)할 수 있다.

나는 '천년왕국'에 대해서 어렸을 때부터 관심이 많았다. 그래서 책이나 자료들을 많이 읽었고, 공부도 해 보았고, 생각도 해 보았다. 그런데 하면 할수록 힘들고 어려웠다. 쉽게 이해하고 믿을 수 있는 내용이 아니기 때문이다. 그리고 많은 훌륭한 사람들이 여러 의견들을 제시하고 있어 하나로 받아들이기가 쉽지 않았다. 믿음이나 지혜가 부족해서일지도 모르겠다. 그래서 이 부분에 대해서 더 공부하고 더 살펴보고 더 연구해서 성경의 정도(正道)를 벗어나지 않으려고 무진 애를 썼다. 왜냐하면 내가 잘못 알고 잘못 이해하고 잘못 믿게 되면 내가 완전히 불못에 빠지게 될 것이고, 잘못 쓰게 되면 혹여 다른 사람에게 잘못된 복음을 전달할까 봐 정말 무서웠기 때문이다.

지난번에 썼던 책[8]도 정말 관심이 많은 내용이었고, 신앙생활에 중요한 내용이었기에 이와 같은 마음으로 썼던 기억이다. 그 책에서 창조의 본질과 죄의 시작과 결과 그리고 우리를 돕는 자와 괴롭히는 자를 정확하게 정리했으며, 최종 구원으로 가는 길을 제시했었다. 그런데 죽으면서 구원의 길에 들어서는 것하고 말세지말을 거쳐 구원의 길에까지 들어서는 것하고는 같으면서도 전혀 다르다는 것을 알아야 한다는 것이다.

말세지말에 우리 주변에서 발생할 사건들 중의 여러 부분을 예수님이 미리 말씀해 주셨는데 지금 현실에서 일어나는 것들을 보

---

[8] 이종덕, 「창조에서 구원에까지」 (서울: 비전북하우스, 2021)

면 이 말씀이 전혀 낯설지 않은 현재가 되었다. 세계에서 일어나고 있는 정치적, 군사적, 환경적, 종교적 상황들을 보면 성경 여러 군데에서 말하는 그리고 예수님이 말씀하신 말세지말을 쉽게 떠올릴 수 있다는 것이다. 예수님이 말씀하신 내용을 몇 가지만 살펴보기로 하자.

> 난리와 난리 소문을 듣겠으나 너희는 삼가 두려워하지 말라. 이런 일이 있어야 하되 아직 끝은 아니니라. 민족이 민족을, 나라가 나라를 대적하여 일어나겠고, 곳곳에 기근과 지진이 있으리니 이 모든 것은 재난의 시작이니라(마 24:6-8)

> 형제가 형제를, 아버지가 자식을 죽는 데에 내주며 자식들이 부모를 대적하여 죽게 하리라(막 13:12)

> 그 때에 어떤 사람이 너희에게 말하되 보라 그리스도가 여기 있다 보라 저기 있다 하여도 믿지 말라. 거짓 그리스도들과 거짓 선지자들이 일어나서 이적과 기사를 행하여 할 수만 있으면 택하신 자들을 미혹하려 하리라(막 13:21-22)

이 외에도 말세지말의 상황들을 성경 여기저기에서 찾아볼 수 있는데 이러한 큰 환난들은 "창세로부터 지금까지 이런 환난이 없었고 후에도 없으리라."(마 24:21)라고 하셨다. 이러한 대환난은 예수님의 재림 전에 일어날 일들의 시작이며(마 24:8), 더 험한 환난이 있을 텐데 끝까지 견뎌야만이 구원을 얻을 수 있다고 확정적으로 말씀도 해주셨다(마 24:13). 이런 대환난이 끝나갈 무렵의 상황도 예수님께서는 "그 날 환난 후에 즉시 해가 어두워지며 달이 빛을 내지 아니하며 별들이 하늘에서 떨어지며 하늘의 권능들이 흔들리리라."(마 24:29라고 가르쳐 주셨다.

마태복음 24:29절의 7년 대환난 후 모든 주권이나 제도가 변환되었음을 보여주는 그때에 예수님이 이 땅에 재림하신다고 분명하게 말씀하신다.

> 그 때에 인자의 징조가 하늘에서 보이겠고 그 때에 땅의 모든 족속들이 통곡하며 그들이 인자가 구름을 타고 능력과 큰 영광으로 오는 것을 보리라(마 24:30)

그런데 예수님이 재림하시는 방법은 가르쳐 주셨지만 재림하시는 날은 언제인가를 말씀해 주지는 않으셨다. 그동안 많은 이단들은 예수님이 오시는 날을 구약성경에서부터 요한계시록까지의 숫자나 상징적 단어들을 활용해서 허황된 날을 선포하기도 했고 그리고 역사적 사실들의 상황들을 적용해서 그날을 자신들의 판단으로 확정하여 발표하기도 했다. 그렇게 해서 많은 사람들을 현혹하고 속여서 그들의 생명도 재물도 가정도 파탄 내는 일들을 저질렀었다. 지금도 그러한 일들은 쉽게 볼 수 있다.

그렇다면 예수님의 재림의 때는 언제일까? 말세지말의 상황들을 예수님께서는 여러 가지를 말씀하셨는데 천지는 없어질지언정 예수님이 하신 말씀은 결단코 없어지지 않을 것이라고 확실하게 가르쳐 주셨다. 그리고 예수님께서는 재림하실 그 날도 분명하게 가르쳐 주셨다.

> 그러나 그 날과 그 때는 아무도 모르나니 하늘에 있는 천사들도, 아들도 모르고 아버지만 아시느니라(막 13:32)

그러나 우리가 성경을 통해서 분명하게 첫째, 말세지말의 상황들이 어떻게 진행이 될 것과 둘째, 예수님께서 재림하시기 전에 이 땅에서는 분명한 대환난이 있을 것 그리고 셋째, 대환난이 끝나갈 무렵 예수님이 구름을 타고 능력과 큰 영광으로 재림하신다는 것과 넷째, 예수님의 재림의 때를 그 누구도 알 수 없고 하나님만 알고 계시다는 것을 알 수 있다는 것이다.

그럼에도 불구하고 예수님은 당신이 오시는 때의 시점을 분명하게 가르쳐주셨다. 다시 말해서 예수님께서는 "복음이 먼저 만국에 전파되어야 할 것이니라."(막 13:10)라고 말씀하신 것이다. 이것은 만국의 복음화율이 100%라는 것이 아니라 만국에 복음이 전파되는 그때를 기준으로 하나님께서 예수님의 재림의 날을 정해 주신다는 것이다.

따라서 예수님이 오시는 그날은 우리가 정확하게 알 수는 없지만 예수님이 오시기 전의 정황이나 오실 때쯤의 정황들을 말씀해 주셨는데 "천지는 없어질지언정 내 말은 없어지지 아니하리라."(마 24:35)라고 하셔서 하신 말씀들의 신뢰성과 확실성을 확정(確定)해 주셨다. 그리고 오시고 난 후에 성립될 천년왕국이 완성될 것이라는 것을 알 수 있기에 천년왕국의 시기가 언제 이루어질 것인가를 우리는 알 수 있다는 것이다.

제3장

7년 대환난에 대하여

제3장

7년 대환난에 대하여

　7년 대환난은 새 하늘과 새 땅에까지 가는 가장 중요한 과정이다. 왜냐하면 이 과정에서 새 하늘과 새 땅에 들어가는 진정한 알곡과 영원한 불못에 들어가는 가라지와 쭉정이가 가려질 것이며, 그 환난이 이 땅에 세워질 천년왕국과 밀접한 관계가 있기 때문이다. 이미 앞 장에서 살펴보았지만 천년왕국설을 주장하는 사람들마다 이 대환난과 천년왕국의 순서를 달리 보기도 한다. 그리고 대환난 후에 예수님이 재림하셔서 천년왕국을 세우신다고 보기도 하고, 천년왕국 후에 대환난이 오고 예수님이 재림하신다고 보기도 하며, 아예 천년왕국이 없다고 보는 사람들도 있다. 지금도 각각 그 논리에 따르는 사람들이 나뉘어져 있다.

　그러나 중요한 것은 성경에는 '천년왕국'이라는 말이나 '7년 대환난'이라는 단어 그리고 '공중 재림'이라는 단어는 나오지 않는다는 것이다. 그렇지만 성경의 전체적인 흐름과 부분적인 내용들을 보면 그러한 단어들을 유추해 낼 수 있을 뿐만 아니라 유추해 낸 단어들을 예언적 사실에 적용할 수 있다는 것이다. 그래서 사람들은 자신들의 신학 사상에 맞게 같은 단어들이라고 할지라도 달리 해석을 한다는 것이다. 그래서인지 사람마다 다른 견해로 성경을 해석하고 상황에 적용해서 여러 갈래의 의견이 나오기도 한다.

사람들은 성경에 기록된 내용들을 역사적 사실에 맞추어 해석을 하고 적용을 해서 그에 맞으면 성경은 역사적 사실을 기록한 책이라고 격하(格下)시켜서 예언적 사실은 거부한다. 그렇다면 거꾸로 성경에 나와 있는 내용들이 역사적 사실하고는 전혀 무관한 것으로만 채워져 있다면 그들은 성경은 허무맹랑한 책이라고 폄훼(貶毁)한다. 나아가 성경은 거짓된 책이라고 역선전하기도 한다.

하나님께서는 이러한 인간들의 편협한 사고방식을 모르셨을까? 하나님께서는 성경 내용을 세상과 전혀 관계없는 내용으로 쓰도록 하셨을까? 아니면 성경의 내용에 세상에서 일어날 역사적 사실들을 기록하여 그 사실들을 이루어주시는데 힘을 쏟으셨을까? 나는 하나님께서 사람들은 "내가 그의 손의 못 자국을 보며 내 손가락을 그 못 자국에 넣으며 내 손을 그 옆구리에 넣어 보지 않고는 믿지 아니하겠노라."(요 20:25)라고 예수님의 부활을 믿지 않았던 도마와 같은 존재들이기에 역사적 사실을 근거로 해서 예언적 사실까지를 이루시겠다는 것을 보여주신 것이 성경이라고 믿는다.

그래도 중요한 것은 이러한 새 하늘과 새 땅에까지 가게 되는 진행적 과정의 해석에는 차이가 있지만 이것이 구원을 받는 직접적인 방법(예수님을 믿음)을 제시하는 것이 아니기에 그나마 다행이다. 그렇다고 이 7년 환난이 구원하고 전혀 무관하다고는 할 수 없다. 그 기간에 환난을 이겨내느냐 이겨내지 못하느냐에 따라 구원의 백성으로 증명되어 새 하늘과 새 땅에 들어가기도 하고, 구원의 백성이 아니라는 것이 증명되어 영원한 불못에 들어가는 것이 결정되기 때문이다. 쉽게 말하면 진정으로 예수님을 믿는 사람들은 대환난을 이겨낼 것이요 그렇지 못한 자들은 이겨내지 못한다는 것이다. 여기에서는 7년 대환난에 대해서 살펴보기로 한다.

1. 7년 대환난 개념

1) 대환난의 뜻

대환난이란 말은 생각만 해도 아찔하다. 왜냐하면 그 대환난 기간 동안에 신앙 때문에 죽음(순교) 아니면 상상을 초월하는 고통이 있을 것이기 때문에 그렇다. 그렇기 때문에 사람들은 여러 학설과 성경 구절과 역사적 사실들을 동원하되 적용을 다르게 하여 이 대환난을 피해가려고 무던히 애를 쓰기도 한다. 다시 말해서 사람들은 환난 전 휴거가 진행이 된다고 한다든지 신약교회 시대를 천년 왕국의 시기라고 설명을 하면서 환난이 없이 예수님의 재림을 맞이하게 될 것이라는 논리를 펴기도 한다는 것이다.

또 어떤 사람들은 예수님께서 말씀하신 마태복음 24장의 28절까지를 주후 70년 전후 예루살렘 주변의 역사적 사실에 한정하려고 한다. 그 한정의 이유로 당시 유대인들 중에 세 당파가 있었는데 서로 싸워서 100만여 명이 살해되었는데 그 시체들이 심지어 성전 안에까지 찼다고 하는 史實을 들고 있다. 예를 들어 마태복음 24:21의 말씀인 "창세로부터 지금까지 이런 환난이 없었고 후에도 없으리라."의 말씀에 대해서 유대 역사가인 요세푸스는 "주후 70년 예루살렘 멸망의 때에 그 시대에 식량이 없어져서 여자가 그의 자식을 죽여 먹은 일이 있었다.", "나는 창세 이후로 어느 다른 도시가 이렇게 비참히 고통을 받은 일이 없다고 생각하며 어느 세대가 이보다 더 죄악이 충만하였다고 생각할 수 없다."고 했다는 것이다.

그렇게 본다면 예수님께서 말씀하신 "그 날 환난 후에 즉시 해가 어두워지며 달이 빛을 내지 아니하며 별들이 하늘에서 떨어지며 하늘의 권능들이 흔들리리라."(마 24:29)라는 말씀을 어떻게 보아야 하는가? 그 환난 후에 예수님이 보여주실 상황은 그럼 무엇을 의미하는 것인가?

> 그 때에 인자의 징조가 하늘에서 보이겠고 그 때에 땅의 모든 족속들이 통곡하며 그들이 인자가 구름을 타고 능력과 큰 영광으로 오는 것을 보리라(마 24:30)

결국 예수님이 재림하시기 전에 세상에는 환난이 있을 텐데 그 환난의 농도를 예수님께서는 "창세로부터 지금까지 이런 환난이 없었고 후에도 없으리라."(마 24:21)라고 가르쳐 주신 것이다. 그런데 이 말씀을 요세푸스가 말했던 역사적 사실에 한정하게 되면 어떻게 될까? 그렇게 되면 예수님 재림 전에 있을 대환난과 예수님의 재림과는 아무런 상관관계가 없는 것이 되고 만다. 사람은 누구든지 이런 대환난을 현실로 거쳐서 천년왕국으로 가고 싶지 않을 것이다. 그래서 그런지 몰라도 사람들은 앞에서 살펴본 것처럼 예수님의 재림 전에 휴거가 되어 성도들은 이런 환난을 당하지 않을 것이라고 말하는 것 아닐까? 그리고 지금이 바로 그 천년왕국 시대로 이 시대가 지나고 나면 예수님이 바로 재림하실 것이라고 말하는 것이 아닐까?

그렇다면 성경 곳곳에 나오는 말세지말에 대한 내용들 그리고 예수님이 직접 말세의 상황들에 대해서 말씀하신 내용들은 무슨 의미가 있을까? 그냥 단순히 신앙을 지키는 성도가 되라는 권유일까? 그렇지 않으면 이런 환난을 당하게 될 것을 미리 말씀해 주셔서 준비하라는 말씀일까?

다섯째 인을 떼실 때에 내가 보니 하나님의 말씀과 그들이 가진 증거로 말미암아 죽임을 당한 영혼들이 제단 아래에 있어 큰 소리로 불러 이르되 거룩하고 참되신 대주재여 땅에 거하는 자들을 심판하여 우리 피를 갚아 주지 아니하시기를 어느 때까지 하시려 하나이까 하니(계 6:9-10)

우리는 요한계시록은 말세지말의 스케줄로 믿고 있다. 그렇다면 위 말씀 중에 9절의 '하나님의 말씀과 그들이 가진 증거로 죽임을 당한 영혼들'은 누구일까? 물론 환난 전 휴거를 주장하는 사람들이라든지 대환난의 고난을 피해가려는 사람들은 요한계시록의 순서적 진행 과정을 보아 '죽임을 당한 영혼들'을 신약시대의 순교자들로 이야기를 하기도 한다. 그러나 말세지말을 보여주고 있는 요한계시록임을 감안한다면 이 영혼들은 대환난 기간 7년 중에 후 3년 반 동안 순교를 당한 자들이라는 것이다.

이 말씀은 대환난 기간 동안 순교한 성도들이 "언제 이 환난이 끝납니까? 우리는 언제 부활하게 됩니까?"라고 참되신 대 주재께 즉, 하나님께 질문한 내용이다. 그때 하나님께서는 "각각 그들에게 흰 두루마기를 주시며 이르시되 아직 잠시 동안 쉬되 그들의 동무 종들과 형제들도 자기처럼 죽임을 당하여 그 수가 차기까지 하라."(계 6:11) 하시면서 위로의 선물도 주시고, 조금만 참으라고 위로의 말씀도 주신다. 즉, 재림하실 왕의 신부의 자격을 인정하신다는 '흰 두루마기'를 주셨고, 곧 예수님이 재림하실 텐데 그때 너희들도 부활하여 왕 노릇할 것이니 그때까지 '잠시 동안 쉬라'고 위로의 말씀을 주신 것이다.

그런데 여기에서 '그 수가 차기까지'라는 말을 사람들은 대부분 '하나님이 계획하신 순교자의 수가 찰 때까지 환난이 있을 것'이라고 해석을 한다. 여기서 이 내용을 다 해석하여 설명할 수 없어서 뒤의 부분에서 자세하게 설명을 해 놓았다. 그렇지만 이 말씀을 보더라도 예수님께서 재림하시기 전에 분명히 대환난이 있을 것이고, 누구든지 이 대환난을 피해갈 수 없을 것이며, 환난 때에 순교자도 분명히 많다는 것을 알 수 있다. 그런데 그 환난의 정도는 '창세로부터 지금까지 보지 못할' 程度라는 것이다.

> 이는 그 때에 큰 환난이 있겠음이라. 창세로부터 지금까지 이런 환난이 없었고 후에도 없으리라(마 24:21)

2) 대환난 시작의 조건

지난 여름 어느 한 신문을 온라인(인터넷)을 통해서 읽어 보았다. 2020년 10월 15일 날짜의 기사인데 "복음화율 0.1% 미만 '미개척 미전도 종족' 복음화 전략은?"이라는 제목하의 내용이다.

2020 세계교회지도자 미전도 종족 개척 선교대회(2020 GAP4FTT 세계선교대회, 공동대회장 김궁헌 목사·김상현 목사)에서 공동대회장 김

궁헌 목사는 오프닝 메시지에서 "FTT 운동이 일어난 지 15~20년이 지나 교회와 신자, 선교사, 번역된 성경이 없는 3,400개 종족(비개척 미전도 종족·Unengaged Unreached People Groups, 복음화율이 0%)에서 다 개척이 되고 140개 정도밖에 안 남았다. 그것도 곧 끝날 것"이라며 "세계 교회가 다음 과제를 정하고 달려갈 시점이 되어 이 대회를 열게 됐다."고 취지를 소개했다.[9)]

그리고 또 다른 신문 기사(2021.02.12.)를 보았다. 기사의 제목은 "4차 산업혁명 스마트 선교 시대를 준비하고 있는가?"였는데 기사 중 일부분이 다음과 같다.

이러한 흐름으로 도널드 맥가브란과 랄프 윈터에 의해 미전도 종족 선교시대가 열렸고, 카메룬 타운젠트에 의해 그들에게 필요한 성경 번역이 실행되었다. 현재 미국 남침례회 국제선교 보고에 의하면 현재 전 세계에는 11,730개 종족이 살고 있는데 이미 복음화가 2% 이상 이루어진 종족은 4,680개 종족으로 세계 인구 76억 명 중 약 30억 명 정도이다. 복음을 들었지만 거절했거나 아직 복음 전도가 2% 미만으로 이루어진 종족은 7,050개 종족 약 46억 명에 달한다고 한다. 이 중에서도 복음화율 0.2% 미만의 종족은 3,150개 종족으로 약 18억 명 정도 된다고 한다. 그런데 이 중에서 아직 성경도 선교사도 없이 복음에 전혀 접촉이 없는 종족이 150개 종족이나 된다고 한다.[10)]

---

9) 기독일보, https://www.christiandaily.co.kr/news/95824#share.
10) 크리스천투데이, https://www.christiantoday.co.kr/news/338078.

아래 마태복음 24:2절의 말씀은 예수님께서는 제자들이 성전의 아름다움에 취하여 있고, 내세에 임할 천국의 아름다움을 보지 못하는 제자들에게 안타까움을 두 가지 사건 즉, 근래(近來)에 있을 이 성전의 붕괴됨과 원래(遠來)에 있을 천년왕국에 대해 하신 말씀이다. 물론 이 말씀은 마태복음 23장과의 연결에서 분노하신 예수님의 마음을 성전의 아름다움으로 위로하려고 했던 제자들에게 오히려 깊은 의미를 담아서 하신 예수님의 말씀인 것이다.

> 너희가 이 모든 것을 보지 못하느냐. 내가 진실로 너희에게 이르노니 돌 하나도 돌 위에 남지 않고 다 무너뜨려지리라(마 24:2)

이 말씀을 여느 사람들은 A.D.70년에 있을 예루살렘의 멸망에 의한 성전의 붕괴를 이야기한 것이었다고 말하기도 한다. 왜냐하면 실제로 예루살렘 성전은 A.D.70년에 로마의 티토스 장군이 이끄는 군대에 의해서 불태워지고 철저하게 파괴되었기 때문이다. 역사적으로 증명된 사실이기에 일반적으로 성전의 붕괴는 팩트이다. 여기서 하나 생각해 볼 것은 예수님이 하신 말씀이 A.D.70년에 예루살렘이 멸망하는 것에 초점을 두었다면 제자들이 마태복음 24:3절의 "어느 때에 이런 일이 있겠사오며 또 주의 임하심과 세상 끝에는 무슨 징조가 있사오리이까"와 같이 예수님의 재림과 세상 끝의 일을 다시 물어보았겠느냐는 것이다. 그리고 예수님께서 A.D.70년에 있을 예루살렘 멸망에 대한 말씀이었더라면 제자들의 질문에 마태복음 24장 4절 이하의 말씀 같은 예수님의 재림과 말세의 징조들에 대해서 자세하게 설명을 하셨겠느냐는 것이다.

결론적으로 말하자면 예수님께서 하신 말씀은 A.D.70년에 예루살렘이 멸망할 것이라는 것에 한정(限定)하지 않으셨다는 것이다. 제자들은 예수님의 말씀을 어느 정도 이해를 했는지 예수님께 "우리에게 이르소서. 어느 때에 이런 일이 있겠사오며"(마 24:3)라고 신중하게 물어본다. 예수님께서도 제자들의 마음을 아셨기에 세상 끝에 일어날 징조들과 예수님의 재림의 때를 말씀해 주신다.

> 이 천국 복음이 모든 민족에게 증언되기 위하여 온 세상에 전파되리니 그제야 끝이 오리라(마 24:14)

예수님께서는 재림하실 수 있는 조건을 말씀해 주신 것이다. 그 조건은 "이 천국 복음이 모든 민족에게 증언되기 위하여 온 세상에 전파"이다. 그렇다면 우리가 환난의 때를 산정(算定)할 수는 없지만 예수님의 재림 전에 환난이 있을 것은 알기에 어느 정도 생각해 볼 수 있다는 것이다. 다시 말해 '세상의 끝은 천국 복음이 온 세상에 전파'가 이루어지면 세상에 환난이 있을 것이고, 그 환난 후에 예수님이 재림하신다는 것이다. 그런데 앞에서 두 신문의 기사 내용을 소개했지만 예수님께서 말씀하신 천국 복음이 온 세상에 거의 증거가 되었다고 볼 수 있다. 두 신문에서 찾아볼 수 있는 기사 내용 중에 중요한 것이 있다. 전 세계에는 11,730개 종족이 살고 있는데 지금까지 복음에 전혀 접촉이 없는 종족이 140-150개 종족이라고 밝히고 있다는 것이다. 다시 말해 이제 150여 민족에게 복음이 전해지기만 하면 예수님의 재림의 시기가 현실화 되고 대환난이 먼저 일어난다는 것이다.

그렇다면 예수님 말씀처럼 세상에 끝이 올 텐데 그때가 '천국 복음이 모든 민족에게 증언되기 위하여 온 세상에 전파'되는 때라고 한다면 이제 그때가 얼마 남아있지 않다고 볼 수 있는 것이다. 예수님은 온 세상의 복음화율이 100%가 되면 세상의 끝이 된다고 하지 않으셨다. 50%라고도 하지 않으셨고, 얼마라는 수치를 제시하지도 않으셨다. 다만 '복음이 모든 민족, 온 세상에 전파'가 되면 다시 말해 예수님은 공정하시기 때문에 세상 민족 모두에게 복음이 알려지게 되면 오신다고 하셨다. 믿고 믿지 않고는 복음을 접한 자들이 몫이 되기 때문이다. 따라서 예수님의 재림의 때가 멀지 않았음을 알 수 있으며, 그렇다면 예수님의 재림전 7년 대환난의 시기도 멀지 않았다는 것을 알 수 있는 것이다.

2. 대환난의 때

나는 재난과 환난은 구분해야 한다고 본다. 아니 그렇게들 보리라고 믿는다. 경찰학 사전에 보면 재난에 대해서 "국민의 생명·신체 및 재산과 국가에 피해를 주거나 줄 수 있는 것으로서 태풍(颱風)·홍수(洪水)·호우(豪雨)·폭풍(暴風)·폭설(暴雪)·가뭄·지진(地震)황사(黃砂) 등 자연현상으로 인하여 발생하는 재해, 화재·붕괴·폭발·교통사고·환경오염사고 등 이와 유사한 사고로 대통령령이 정하는 규모 이상의 피해 등 국가기반체계의 마비와 전염병 확산 등으로 인한 피해를 말한다."라고 아주 구체적으로 설명이 되어 있다. 그런데 환난에 대해서 여러 사전에서는 "근심과 재난"을 포함한 단어라고 말한다. 환난의 범주가 재난의 범주보다는 훨씬 넓다는 것이다.

마태복음 24장에 보면 재난의 시작에서부터 재난이 농후해질 것이며(마 24:3-14), 그 후에 환난이 온다(마 24:15-28)는 말씀이다. 그리고 그 환난 후에 예수님이 구름을 타고 천사들과 이 땅에 오신다고 했다(마 24:29-31). 뒤에서 환난에 대해서 더 설명을 하면서 말세의 재난을 통하여 죽어간 사람의 통계를 몇 가지 소개하기도 했지만 그 정도의 재난은 말세지말의 대환난과는 비교조차 할 수 없다는 것을 알아야 한다. 그것을 예수님께서는 "창세토부터 지금까지 이런 환난이 없었고 후에도 없으리라."(마 24:21)라고 알려주셨다.

1) 환난이란 기간의 산출

다니엘 7장을 보면 내용 중에 적그리스도의 출현 과정(단 7:17-23)과 출현(단 7:24) 그리고 그의 핍박 행태의 범위(단 7:25상)와 핍박의 기간(단 7:25하), 적그리스도의 심판과 멸망(단 7:26)에 대한 기록이 있다. 그리고 마지막 부분으로 천년왕국과 새 하늘과 새 땅에까지 언급하고 있음을 알 수 있다(단 7:27).

> 그가 장차 지극히 높으신 이를 말로 대적하며 또 지극히 높으신 이의 성도를 괴롭게 할 것이며, 그가 또 때와 법을 고치고자 할 것이며, 성도들은 그의 손에 붙인 바 되어 한 때와 두 때와 반 때를 지내리라(단 7:25)

그런데 여기 말씀 중에 '한 때와 두 때와 반 때'라고 하여 '때'라는 단어가 나오는데 이 '때'의 기간은 얼마나 될까? 다니엘 2장과 4장을 보면 느부갓네살의 두 가지의 '꿈 이야기'가 나온다.

느부갓네살왕의 1차 꿈(단 2:1-13) - 다니엘의 해몽 예시(단 2:14-24) - 다니엘의 꿈 해몽(단 2:25-45) - 다니엘과 세 친구를 높여줌(단 2:46-49)의 과정에서 꿈의 해석을 보고 느부갓네살은 "너희 하나님은 참으로 모든 신들의 신이시요 모든 왕의 주재시로다. 네가 능히 이 은밀한 것을 나타내었으니 네 하나님은 또 은밀한 것을 나타내시는 이시로다."(단 2:47)라고 고백했다. 그럼에도 느부갓네살은 금신상을 세우고 숭배를 강요한다(단 3:1-7). 다니엘 세 친구의 신상 숭배 거절(단 3:8-18) - 세 친구의 풀무불에 던져짐(단 3:19-23) - 세 친구의 구출과 더욱 높여줌(단 3:24-30)의 과정 속에서 느부갓네살은 또 "사드락과 메삭과 아벳느고의 하나님을 찬송할지로다."(단 3:28), "사람을 구원할 다른 신이 없음이니라."(단 3:29)라고 고백했다.

느부갓네살왕의 2차 꿈(단 4:1-18) - 다니엘의 꿈 해석(단 4:19-27) 과정에서 '일곱 때'라는 말이 느부갓네살이 말하는 꿈 얘기에서 1번(단 4:16), 다니엘이 꿈 얘기를 설명하면서 1번(단 4:23), 다니엘이 꿈을 해석하면서 1번(단 4:25) 등 총 세 번이 나온다. 그랬음에도 느부갓네살은 꿈의 해몽을 들은 지 1년이 되었어도 반성하거나 조심하지 않고 하나님의 도우심을 외면하면서 "이 큰 바벨론은 내가 능력과 권세로 건설하여 나의 도성으로 삼고 이것으로 내 위엄의 영광을 나타낸 것이 아니냐"(단 4:30)라고 도리어 교만을 드러낸다. 그러자 하나님은 곧바로 느부갓네살에게 그 꿈을 적용하시는 말씀을 해 주신다.

> 하늘에서 소리가 내려 이르되 느부갓네살 왕아 네게 말하노니 나라의 왕위가 네게서 떠났느니라. 네가 사람에게서 쫓겨나서 들짐승과 함께 살면서 소처럼 풀을 먹을 것이요. 이와 같이 일곱 때를 지내서 지극히 높으신 이가 사람의 나라를 다스리시며 자기의 뜻대로 그것을 누구에게든지 주시는 줄을 알기까지 이르리라(단 4:31-32)

하나님께서는 이 말씀에서 분명하게 느부갓네살을 책망하시면서 들짐승처럼 살게 될 것인데 그 기간이 '일곱 때'라는 것을 재확증해 주셨다. 결과는 어땠을까? 느부갓네살은 "사람에게 쫓겨나서 소처럼 풀을 먹으며, 몸이 하늘 이슬에 젖고, 머리털이 독수리 털과 같이 자랐고, 손톱은 새 발톱과 같이 되었더라."(단 4:33)라고 보여주고 있다.

여기에도 '일곱 때'가 나오는데 이렇게 다니엘 4장에서만 '일곱 때'라는 말이 네 번이나 나온다. 그런데 여기 '일곱 때'로 지정된 기간이 느부갓네살왕이 실제로 동물처럼 살았던 7년의 역사적 사실에 근거하여 하나님이 말씀해 주시는 '한 때'를 1년으로 보면 된다는 것이다. 그러니까 '한 때와 두 때와 반 때'는 3년 반이라고 보면 되는 것이다.

그리고 다니엘 9장에 보면 예수님의 재림 전까지의 스케줄(단 9:24-27)이 나와 있다. "네 백성과 네 거룩한 성을 위하여 일흔 이레를 기한으로 정하였으며…"(단 9:24)의 일흔 이레의 전반적 일정에 25절의 "예루살렘을 중건하라는 영이 날 때부터 기름 부음을 받은 자 곧 왕이 일어나기까지 일곱 이레와 예순두 이레가 지날 것이요…"의 부분적 일정이 나온다. 그리고 전체 일정 중에 "예순두 이레 후에 기름 부음을 받은 자가 끊어져 없어질 것이며…"(단 9:26)라고 하여 총 일흔 이레 중 예수님이 돌아가실 때까지의 예순아홉 이레는 산정(算定)된 것이다. 그럼 나머지 한 이레는 어디서 찾을 수 있을까? 26절의 "… 장차 한 왕의 백성이 와서 그 성읍과 성소를 무너뜨리려니와…"라는 말씀과 27절에 "그가 장차 많은 사람들과 더불어 한 이레 동안의 언약을 굳게 맺고 그가 그 이레의 절반에 제사와 예물을 금지할 것이며 또 포악하여…"라는 말씀에 '한 이레'라는 말이 나온다.

이 부분의 말씀을 보면 예순아홉 이레는 역사적으로 산출(算出)한 기간이기에 나머지 '한 이레'만 잠시 살펴보기로 한다. 26절의 '예순두 이레 후에 기름 부음을 받은 자가 끊어져 없어질 것'이라고 했는데 예수 그리스도가 십자가에 못 박혀 돌아가신 것으로 예순 아홉 이레가 완료되는 것이다. 그리고 '장차 한 왕의 백성'이 와서 '그 성읍과 성소를 무너뜨린다'고 했는데 이 말은 적그리스도가 나타나서 엄청난 횡포로 성읍과 교회를 무너뜨린다는 것이다. 그런데 그 적그리스도가 나타나는 때를 특정해서 말해준 것이 아니고 '장차'라는 단어를 사용하여 '특정된 어떤 날이 아닌 미래의 어느 때'라고 이해하면 된다는 것이다.

> 그가 장차 많은 사람들과 더불어 한 이레 동안의 언약을 굳게 맺고 그가 그 이레의 절반에 제사와 예물을 금지할 것이며 또 포악하여 가증한 것이 날개를 의지하여 설 것이며 또 이미 정한 종말까지 진노가 황폐하게 하는 자에게 쏟아지리라 하였느니라 하니라 (단 9:27)

여기에 보면 그 적그리스도가 세상의 주도권을 가지고 "많은 사람과 더불어 한 이레 동안의 언약을 굳게 맺고"라고 하여 한 이레가 나온다. 그런데 그 적그리스도의 핍박과 말할 수 없는 횡포가 '그 이레의 절반' 그러니까 후 삼 년 반 동안 자행될 것인데 '이미 정한 종말까지' 즉, 예수님의 재림 때까지 쏟아질 것이라고 예언해 주고 있다. 그런데 우리가 반드시 알아야 할 것은 예수님의 재림 때까지의 스케줄이 일흔 이레라고 했는데 그 가운데 '장차'라는 단어를 통하여 마지막 한 이레는 육십구 이레와는 좀 떨어져 있다는 것이다.

여기서 말하는 '한 이레'는 7년 대환난을 의미하여 그 7년 환난 중 '한 때와 두 때와 반 때' 즉, 후 3년 반 동안에 상상을 초월한 핍박이 있을 것임을 분명히 말해주고 있는 것이다. 그런데 일흔 이레를 보면 '이레'는 7을 말하는 단어이기 때문에 70×7=490일이 되는 것이다. 그렇다면 한 이레를 7년으로 보는 근거는 뭘까? 한 이레가 7일이기에 7일을 7년 즉, 하루를 1년으로 볼 수 있는 근거가 있어야 한다는 것이다.

> 너희는 그 땅을 정탐한 날 수인 사십 일의 하루를 일 년으로 쳐서 그 사십 년간 너희의 죄악을 담당할지니 너희는 그제서야 내가 싫어하면 어떻게 되는지를 알리라 하셨다 하라(민 14:34)

하나님께서는 출애굽 당시 가나안에 정탐꾼을 보냈는데 10명의 정탐꾼의 보고에 백성들이 하나님을 원망하고 한 지휘관을 세워서 애굽으로 돌아가자고(민 14:1-4) 불평한 것에 대해 하나님께서는 징벌을 내리셨다. 그들에 대한 징벌로 가나안을 정탐한 40일의 하루를 1년으로 계산하신 것이다. 이것은 하나님이 하루를 일 년으로 일정한 형식이나 틀로 고정(定型化) 하셨다는 말이 아니라 10명의 정탐꾼과 그들의 말에 하나님을 원망한 이스라엘 백성들을 향하신 하나님의 분노의 징벌적 차원의 숫자로 사용하신 것이다.

그리고 에스겔 4:6절을 보면 "너는 오른쪽으로 누워 유다 족속의 죄악을 담당하라. 내가 네게 사십 일로 정하였나니 하루가 일 년이니라."라는 말씀이 나오는데 하나님은 에스겔에게 5절에는 이스라엘을 위해서 390일을 누워있으라고 하셨다. 이 말씀은 이스라엘 백성들에게 현재에 그리고 장래에 다가올 환난을 생각하여 회개하라고 교훈하시는 말씀으로 실제 북 이스라엘은 여로보암 왕 이후로 390년, 남 유다는 유다 말엽 40년 동안 범죄한 기간이다. 여기에서도 하나님은 하루를 1년으로 계산해 주셨는데 이러한 말씀을 근거로 해서 다니엘서에 나오는 한 이레가 7일인데 1일을 1년으로 보아서 한 이레를 7년으로 해석할 수 있다는 것이다.

2) 7년 환난의 때

제자들도 하나님의 나라가 언제 임하게 될지 그리고 그때에 나타날 징조가 무엇일지 궁금했던 것 같다. 그래서 예수님께 아주 진지하게 그때가 언제일지 그리고 그때 나타날 징조가 무엇인지를 물어본다.

> 우리에게 이르소서. 어느 때에 이런 일이 있겠사오며, 이 모든 일이 이루어지려 할 때에 무슨 징조가 있사오리이까(막 13:4)

그러자 예수님께서는 말세의 징조를 말씀해 주시는데 처음부터 이러한 상황들이 징조로 나타날 텐데 이것은 세상의 끝이 아니고(막 13:7), 재난의 시작(막 13:8)이라고 분명하게 말씀해 주신다. 그리고 제자들의 질문의 순서인 하나님 나라가 임할 때(예수님의 재림)와 말세의 징조에 대해서 예수님께서는 말세의 징조(막 13:5-31)와 하나님의 나라가 임할 때(막 13:32)의 순서를 바꾸어 설명해 주신다.

그런데 그 재난의 시작에서 이제 세상의 끝이 될 수 있는 대환난이 이 세상에 임할 것인데 그 환난의 기간과 환난의 진행 상황 등을 다니엘이 쓴 다니엘서와 공관복음서 그리고 사도 요한이 쓴 요한계시록에서 잘 설명해 주고 있다. 앞에서도 잠시 이레를 설명하면서 사용된 성구가 있다. "그가 장차 많은 사람들과 더불어 한 이레 동안의 언약을 굳게 맺고"(단 9:27상)와 "그가 그 이레의 절반에 제사와 예물을 금지할 것이며 또 포악하여 가증한 것이 날개를 의지하여 설 것이며…"(단 9:27중)라는 말씀이다. 여기 '그'는 적그리스도를 말하며, '한 이레'는 7년을 말하고, '그 이레의 절반'은 '후 삼 년 반'을 말한다고 설명했었다.

> 또 짐승이 과장되고 신성 모독을 말하는 입을 받고 또 마흔두 달 동안 일할 권세를 받으니라(계 13:5)

그런데 요한계시록을 보면 위와 같은 성구를 포함해서 '두 증인이 장사되지 못한 사흘 반'(계 11:9), '두 증인이 부활한 삼 일 반'(계 11:11), '여자가 광야로 도망가 양육 받는 기간 천이백육십 일'(계 12:6), '여자가 사탄의 낯을 피하여 광야에서 양육 받는 한 때 두 때 반 때'(계 12:14), '짐승이 과장되고 신성모독하고 핍박할 권세를 받은 마흔두 달'(계 13:5) 등의 성구가 나와 있다.

여기 '사흘 반', '삼일 반', '천이백육십 일', '한 때 두 때 반 때', '마흔두 달'이라는 단어는 다니엘 9:27의 '그 이레의 절반'과 맥을 같이 하는 7년 대환난의 '후 삼 년 반'의 상징적 단어인 것이다. 용(사탄)으로부터 권세를 부여받은 짐승(적그리스도)이 한 이레 동안 통제권과 주도권을 가지고 전 삼 년 반은 비교적 순탄하게 지내다가 후 삼 년 반이 시작되면 하나님을 향하여 비방하고 짐승(적그리스도)이 우상이 되어 그 우상(짐승)에게 절하지 않는 자들은 누구든지 죽이는 살벌한 핍박이 진행될 것이다.

> 그가 모든 자 곧 작은 자나 큰 자나 부자나 가난한 자나 자유인이나 종들에게 그 오른손에나 이마에 표를 받게 하고 누구든지 이 표를 가진 자 외에는 매매를 못하게 하니 이 표는 곧 짐승의 이름이나 그 이름의 수라
> (계 13:16-17)

심지어 세상 사람들의 삶 전체를 휘어잡고 조정하며 생사를 좌지우지하는 행태가 잔잔한 글 같지만 위의 요한계시록 13:16-17 절에 나와 있는 내용은 무서운 사실이다. 그런데 뒤에서도 언급을 하겠지만 7년 대환난의 진행 상황이 요한계시록의 장의 순서대로 셋팅이 되었다는 것이 아니라는 것이다. 다시 말해 1장에서 시작하여 22장까지 순서대로 7년 대환난이 진행이 되는 것이 아니라 요한계시록 앞부분에서 7년 대환난의 전체 윤곽을 그려주신 다음에 점점 구체적으로 상황들을 설명해 주셨다는 것이다.

성경 속 내용을 보아도 그렇고 요한계시록 10:11절에서 "그가 내게 말하기를 네가 많은 백성과 나라와 방언과 임금에게 다시 예언하여야 하리라 하더라."라고 했는데 이 말은 적그리스도의 본격적인 핍박을 '다시' 설명하라고 전달해 주고 있는 것이다. 그런데 중요한 것은 이러한 대환난의 핍박이 진행이 된 후에는 최종적인 증세를 보여주시고 예수님이 오신다는 것이다.

> 그 날 환난 후에 즉시 해가 어두워지며 달이 빛을 내지 아니하며 별들이 하늘에서 떨어지며 하늘의 권능들이 흔들리리라. 그 때에 인자의 징조가 하늘에서 보이겠고 그 때에 땅의 모든 족속들이 통곡하며 그들이 인자가 구름을 타고 능력과 큰 영광으로 오는 것을 보리라(마 24:29-30)

그러니까 결국 7년 대환난의 때는 예수님이 재림하시기 전에 이 땅에서 반드시 전개될 창조 이후 전무(前無)하고 후무(後無)할 환난이라는 것이 사실이라는 것이다.

3. 7년 대환난의 과정

거듭 말하지만 7년 대환난이라는 말은 말 자체도 정말 부담이고 무섭고 두렵다. 누구나 얘기를 하려고도 안한다. 왜냐하면 그 환난은 천국 백성에 대한 최후의 검증과정이기에 엄청난 재난이지만 성경에는 딱 잡아서 7년 대환난이 이것이요 그 환난이 누구의 주도 아래 언제 일어나며 어떻게 진행되며 어떻게 끝난다고 하는 확정해서 알려주는 성구가 없기 때문이다. 따라서 사람마다 개인적 소견이나 연구의 결과로 자신만의 논리를 표현하기도 한다. 그러나 분명한 것은 하나님은 그렇게 비합리적인 분이 아니다. 성경 곳곳에서 그때의 상황을 인간이 인지할 수 있도록 안내해 주신 것이다. 때로는 선지자들의 예언을 통하여, 때로는 예언의 역사적 현실화를 통하여 그리고 예수님께서 직접 하신 말씀과 사도 요한과 다른 제자들의 예언을 통하여 그 사실을 알려주셨고, 주의와 경고도 하셨다.

1) 7년 대환난의 필연성

하나님은 천지를 6일 동안에 창조하셨다. 하루하루 창조하시고 나면 "하나님이 보시기에 '좋았더라'"(ברבן, 토브)는 말씀이 꼭 따라붙는다. 둘째 날 궁창을 만드시고는 이 말씀이 없지만 셋째 날 땅과 바다를 만드시고 '좋았더라'고 하셨고, 땅의 식물들을 보시고 '좋았더라'고 하셨다. 여섯째 날 동물을 다 만드시고도 '좋았더라'고 하여 총 여섯 번 언급이 된다. 삼위 하나님께서는 이 좋은 창조물을 다스릴 인간을 당신들의 형상대로 만들자고 하시고 흙으로 남자와 여자를 만드셨다. 그리고는 인간들에게 큰 복을 주시되 천지를 맡기시며 다스릴 특권까지를 주셨다.

> 하나님이 그들에게 복을 주시며 하나님이 그들에게 이르시되 생육하고 번성하여 땅에 충만하라, 땅을 정복하라, 바다의 물고

기와 하늘의 새와 땅에 움직이는 모든 생물을 다스리라 하시니라. 하나님이 이르시되 내가 온 지면의 씨 맺는 모든 채소와 씨 가진 열매 맺는 모든 나무를 너희에게 주노니 너희의 먹을거리가 되리라. 또 땅의 모든 짐승과 하늘의 모든 새와 생명이 있어 땅에 기는 모든 것에게는 내가 모든 푸른 풀을 먹을거리로 주노라 (창 1:28-30)

이렇게 인간에게 큰 복을 주신 후에 총체적으로 창조물들을 보시고 그 가운데에서 인간이 주도적으로 있는 것을 보신 하나님의 마음은 '좋았더라'를 넘으셨다. 즉, '심히(מאד, 메오드) 좋았더라'(טוב, 토브)고 하여 '심히'라는 말이 첨가된 것이다. 이것은 모든 창조물들이 하나님의 창조 목적에 따라 완벽하게 완성되었다는 것과 하나님의 형상대로 지음 받은 인간의 모습까지를 보시고는 '매우', '엄청', '몹시', '무척' 좋아하신 것을 알 수 있다.

이러한 창조의 역사 가운데 하나님은 에덴동산을 창설하시고 인간을 거기에 두시고는 주신 복을 재확인하시고 아주 강한 명령과 경고를 하셨다.

여호와 하나님이 그 사람을 이끌어 에덴 동산에 두어 그것을 경작하며 지키게 하시고, 여호와 하나님이 그 사람에게 명하여 이르시되 동산 각종 나무의 열매는 네가 임의로 먹되(창 2:15-16)

> 선악을 알게 하는 나무의 열매는 먹지 말라. 네가 먹는 날에는 반드시 죽으리라 하시니라(창 2:17)

어떤 사람들은 하나님이 왜 선악을 알게 하는 나무를 만들어놓으셨을까? 하는 의문을 제기하면서 하나님께 대한 불만 아닌 불만을 표현하기도 한다. 정말 잘못된 시각이다. 결론만 말하면 하나님께서는 '심히 좋으셨던 마음'으로 그렇게 경고하실 만큼 인간을 사랑하셨다는 것이다. 왜냐하면 하나님은 하나님을 배신한 천사를 경험하셨기에 인간도 그런 배신자가 되지 말 것을 경고를 통하여 사랑을 선포하신 것이다. 이런 내용에 대해서는 전의 책[11]에서 내가 분명하게 밝혔다. 그런데 결국 인간은 하나님의 그 사랑과 경고를 저버리고 사탄의 꾀임에 넘어가 하나님의 진노를 불러일으킨 것이다. 이것이 7년 대환난을 불러오게 된 원인인 것이다.

앞 장에서 간단하게 설명했지만 사람들은 천년왕국설을 크게 세 가지 나누어 설명하는데 전천년설과 후천년설 그리고 무천년설이다. 그 중의 전천년설과 후천년설을 각각 두 가지로 나누어 모두 다섯 가지로 나누어서 설명했다. 그 다섯 가지 설 중의 세 가지 설에는 아예 7년 대환난을 부정하고 있으며, 나머지 하나는 7년 대환난을 인정은 하면서도 휴거라는 것으로 성도들은 대환난을 피하게 된다고 설명한다. 심지어 어떤 한 설은 예수님을 하나님의 아들로 생각하지 않고 그냥 일반적인 도덕적 인물로 설명하기도 한

---

11) 이종덕, 「창조에서 구원에까지」 (서울: 비전북하우스, 2021).

다. 이러한 것은 하나님의 뜻과 계획에 정면 배치되는 것이다. 왜냐하면 이러한 것은 인간의 죄에 대한 하나님의 징벌을 인간들이 스스로 피해가려고 하는 논리들이기 때문이다. 이렇게 다섯 가지 설 가운데 세상 모든 사람이 7년 동안에 대환난을 오롯이 겪게 될 것이라고 주장하는 설은 오로지 하나뿐이다.

2) 7년 대환난의 윤곽

"그가 장차 많은 사람들과 더불어 한 이레 동안의 언약을 굳게 맺고 그가 그 이레의 절반에 제사와 예물을 금지할 것이며 또 포악하여 가증한 것이…"(단 9:27)라는 말씀에 등장하는 '한 이레'와 '그 이레의 절반'이라는 단어가 있다. 이 단어들은 앞에서도 생각해 보았지만 정말 가볍게 여길 수 없는 수치의 단어들이다. 왜냐하면 이 단어들은 7년 대환난과 연계가 되어 있고 온갖 핍박이 후 삼 년 반에 있을 것이란 문맥이 뒤를 잇기 때문이다. 요한계시록에도 대환난의 후 삼 년 반에 적그리스도의 갖은 핍박이 있을 것을 반복적으로 설명해 주고 있다.

요한계시록에는 일곱이라는 숫자로 7년 대환난을 점점 더 구체적으로 설명하고 있다. 6장 1절의 일곱 인 중의 첫째 인으로부터 시작해서 16장 17절의 일곱 대접 중의 일곱 번째 대접까지를 조목조목 세심하게 설명해 주고 있다. 그 중간에 일곱 나팔과 일곱 우레라는 말도 나온다.

> 사자가 부르짖는 것 같이 큰 소리로 외치니 그가 외칠 때에 일곱 우레가 그 소리를 내어 말하더라. 일곱 우레가 말을 할 때에 내가 기록하려고 하다가 곧 들으니 하늘에서 소리가 나서 말하기를 일곱 우레가 말한 것을 인봉하고 기록하지 말라 하더라(계 10:3-4)

그런데 특이한 것은 여기 일곱 우레에 대해서는 기록하지 말라고 했다는 것이다. 그 이유를 설명해 주지는 않았지만 일곱 우레에 속해 있는 심판의 내용들은 우리 성도들에게 해당되지 않는 것이고, 굳이 성도들은 그 내용을 알 필요도 없기 때문일 것이다. 다시 말해서 일곱 우레에 대한 심판은 믿지 않는 자들에게 있을 심판의 내용이기 때문에 그 내용의 진면목을 알려주지 되면 성도들도 받는 상처가 클 것이기에 이런 배려는 하나님이 성도들에게 베풀어 주시는 사랑이라고 생각한다.

아무튼 요한계시록에는 일곱 인 - 일곱 나팔 - (일곱 우레) - 일곱 대접이 순서대로 나오는데 사람들은 이 순서를 들어 다른 얘기를 하기도 한다. 다시 말해 어떤 사람은 일곱 인을 전 삼 년 반으로, 일곱 나팔을 후 삼 년 반으로, 일곱 대접을 완전한 심판으로 보는가 하면 어떤 사람은 일곱 인을 심판의 전조로, 일곱 나팔을 7년 대환난으로, 일곱 대접을 완전한 심판으로 보기도 한다는 것이다. 물론 그들은 그들 나름대로의 합리적인 논리와 근거를 제시하여 그러한 주장들을 한다.

그러나 대환난의 전체 흐름을 성경의 배열 순서대로 적용하려면 무리수가 따르게 된다. 왜냐하면 인이나 나팔이나 대접의 흐름 속에 중복의 내용이라고 할 수 있는 부분이 있기 때문이다. 그렇게 한다면 환난의 흐름 순서가 앞으로 진행이 되었다가 뒤로 와서 다시 앞으로 진행이 되었다는 것을 설명해야 하는 어려움에 봉착하게 된다. 그러한 것을 아셨기에 하나님은 요한에게 "그가 내게 말하기를 네가 많은 백성과 나라와 방언과 임금에게 다시 예언하여야 하리라"(계 10:11)고 말씀해 주셨다고 본다. 다시 말해서 앞에서 말했던 것을 조금 더 구체적으로 다시 설명을 하라고 하신 말씀이다.

> 내가 보매 어린 양이 일곱 인 중의 하나를 떼시는데 그 때에 내가 들으니 네 생물 중의 하나가 우렛소리 같이 말하되 오라 하기로 이에 내가 보니 흰 말이 있는데 그 탄 자가 활을 가졌고 면류관을 받고 나아가서 이기고 또 이기려고 하더라(계 6:1-2)

또 하나 생각해 볼 것이 있다. 요한계시록 6:1-2절에 나오는 말씀인데 첫 번째 인을 떼서 일어나는 상황이다. 사람들은 '흰 말이 있는데 그 탄 자'를 여러 가지로 해석을 한다. 어떤 사람은 적그리스도로, 어떤 사람은 파사 왕으로, 어떤 사람은 로마의 전성시대의 왕으로 보기도 한다. 그리고 어떤 사람은 활은 멀리서 적을 공격하는 무기로 보고 그 활이 하나님의 말씀을 상징한다고 하여 그리스도로 보기도 한다는 것이다.

> 또 내가 하늘이 열린 것을 보니 보라 백마와 그것을 탄 자가 있으니 그 이름은 충신과 진실이라. 그가 공의로 심판하며 싸우더라. 그 눈은 불꽃 같고 그 머리에는 많은 관들이 있고 또 이름 쓴 것 하나가 있으니 자기 밖에 아는 자가 없고(계 19:11-12)

위의 요한계시록 6장에 나오는 '흰 말을 탄 자'와 19장에 나오는 '백마를 탄 자'를 동일인으로 보는 사람은 아마 '말을 탄 자의 승리'와 '면류관'과 '많은 관'을 동일한 것으로 보기 때문일 거라는 생각이 든다. 그런데 6장에 나오는 면류관과 19장에 나오는 면류관은 다르다. 6장에 나오는 면류관은 '$\sigma\tau\epsilon\phi\alpha\nu o\varsigma$'(스테파노스)로 일반적으로 승리자에게 주어지는 면류관을 말하는 단어이고, 19장의 관(면류관)은 '$\delta\iota\alpha\delta\eta\mu\alpha\tau\alpha$'(다데마타)로 통치자에게 주어지는 면류관을 말하는 단어라는 것이다. 즉, $\sigma\tau\epsilon\phi\alpha\nu o\varsigma$(스테파노스)는 월계수 잎으로 만드는 일시적인 화관이지만 $\delta\iota\alpha\delta\eta\mu\alpha\tau\alpha$(다데마타)는 황금과 보석으로 만들어서 결코 시들지 않는 영원한 면류관이라는 것이다. 따라서 6장과 19장에 나오는 관은 전혀 차원이 다른 개념의 면류관이라는 것이다.

이렇게 성경의 앞뒤에 있는 문장이나 단어들의 유사함을 들어서 동일화한다든지 절차적 순서에 몰입하게 되면 위의 내용처럼 오류가 발생할 수도 있다. 정말 중요한 것은 성경을 주신 분이 누구인가를 알아야 한다. 왜냐하면 우리가 알다시피 글의 내용은 글을 쓴 사람의 생각이나 계획들이 들어있기 때문이다. 따라서 성경의 내용을 수신자(인간)의 입장에서 바라보고 인간의 입장으로 해석을 한다는 것은 정말 위험하다는 것이다. 그렇다면 7년 대환난의 전체 윤곽을 어떻게 생각해야 할까?

3) 7년 대환난의 과정

요한계시록 6장에 나오는 인에 대한 이야기가 7년 대환난의 전체적인 윤곽이라고 본다. 첫째 인에서 넷째 인까지는 7년 환난의 전 3년 반이고, 다섯째 인부터 후 3년 반의 진행 과정이라고 본다는 것이다. 전 3년 반은 적그리스도의 종교적 탄압보다는 기타 방법으로 세상을 제압해 나갈 것이며, 전쟁이나 기근 그리고 각종 재앙으로부터 오는 여러 죽음이 있을 것을 미리 보여주고 있다.

다섯째 인부터 적그리스도의 본격적인 종교적 탄압과 핍박이 실행이 될 것인데 그 상징적인 성구가 "거룩하고 참되신 대주재여 땅에 거하는 자들을 심판하여 우리 피를 갚아 주지 아니하시기를 어느 때까지 하시려 하나이까"(계 6:10)이다. 이 말씀은 적그리스도의 핍박으로 순교한 성도들이 하나님께 언제 이 죽음에서 부활하게 되느냐고 물어보는 말인데 그 잔혹성을 알 수 있는 말이다. 그 환난과 핍박이 요한계시록 8장-10장에 일곱 나팔 재앙으로,

16장의 일곱 대접 재앙으로까지 후 3년 반의 과정을 구체적으로 설명을 하고 있다. 그리고 17-19장까지는 적그리스도가 등장해서 핍박하는 내용과 멸망까지를 좀더 구체적으로 설명해 주고 있다.

> 또 내가 보매 그 짐승과 땅의 임금들과 그들의 군대들이 모여 그 말 탄 자와 그의 군대와 더불어 전쟁을 일으키다가 짐승이 잡히고, 그 앞에서 표적을 행하던 거짓 선지자도 함께 잡혔으니 이는 짐승의 표를 받고 그의 우상에게 경배하던 자들을 표적으로 미혹하던 자라. 이 둘이 산 채로 유황불 붙는 못에 던져지고, 그 나머지는 말 탄 자의 입으로부터 나오는 검에 죽으매 모든 새가 그들의 살로 배불리더라 (계 19:19-21)

앞에서도 설명했지만 6:2절의 '흰 말 탄 자'를 예수님이라고 주장하는 사람도 있는데 너무도 다른 견해이다. 왜냐하면 6장의 흰 말 탄 자가 적그리스도이기 때문이다. 요한계시록 19장에 나오는 백마를 탄 자는 재림하시는 예수님으로 6:2절의 흰 말 탄 자를 잡아서 유황불 붙는 못에 던지는 심판주이신 것이다. 그렇게 심판을 통하여 7년 대환난의 종지부가 찍히고 천년왕국으로 들어가게 될 것이다.

정말 잘 알아야 하는 것은 6:2절에 나오는 흰 말 탄 자는 용(사탄)의 지휘 아래 7년 대환난의 주도권을 가지고 세상을 어지럽히고 사람들을 통제, 핍박, 제압으로 자유권까지를 박탈할 것이다.

그리고 스스로 우상이 되어 세상의 수많은 사람들을 자기를 섬기게 하여 사람들을 사탄의 자녀로 만들어 불못으로 끌고 가는 역할을 하게 된다는 것이다.

제4장

성경적 적그리스도

제4장

성경적 적그리스도

어느 보수신학자가 쓴 글을 보고 엄청 충격을 받았고 놀랐다. 요한계시록 6:1절의 '우렛소리'를 네 생물 중의 하나인 사자의 소리로 보면서 이 소리는 승리자의 소리인데 이것은 첫째 인을 뗄 때 나타난 '흰 말 탄 자'를 승리자 즉, 그리스도라고 본 것이다. 이 내용을 3장에서도 잠시 언급을 했지만 아마도 흰 말을 탄 자가 '활도 가졌고 면류관도 받고 나아가서 이기고 또 이기려고 한다'라는 말이 마치도 예수님께 적용되는 말처럼 느껴져 혼선을 빚었다고 본다. 그리고 요한계시록 19:11절의 "백마와 그것을 탄 자"를 동일인으로 보고 그랬지 않았나 하는 생각이 든다. 그러나 반드시 알아야 할 것은 7년 대환난 기간 중의 아마겟돈에서의 최후의 전쟁을 치르기 전에는 적그리스도는 7년 동안 세상을 통제하고 핍박하는 주도적인 역할을 한다는 것이다.

거듭 말하지만 요한계시록 6장은 7년 대환난의 전체 윤곽이다. 요한계시록 6장에서부터 19장까지의 말씀은 이 말씀에 대한 전체적인 진행 과정이라는 것이다.

> 그가 장차 많은 사람들과 더불어 한 이레 동안의 언약을 굳게 맺고 그가 그 이레의 절반에 제사와 예물을 금지할 것이며 또 포악하여 가증한 것이 날개를 의지하여 설 것이며 또 이미 정한 종말까지 진노가 황폐하게 하는 자에게 쏟아지리라 하였느니라 하니라(단 9 27)

따라서 요한계시록 6:2절의 '흰 말이 있는데 그 탄 자'에서 '흰 말 탄 자'는 예수님이 아니고 적그리스도라는 것이다. 이 적그리스도가 7년 대환난기 동안 주도권을 쥐고 세상을 리드하면서 세상을 괴롭히고 성도들을 괴롭히고 핍박하고 죽이는 인물이라는 것이다. 그렇다면 7년 대환난의 주도권을 쥐고 가는 적그리스도에 대해서 성경은 뭐라고 할까? 적그리스도와 거짓 그리스도를 구분할 수 있으면 적그리스도의 정체를 알 수 있다.

1. 적그리스도와 거짓 그리스도의 구분

'대환난' 하면 빠르게 떠오르는 단어가 있다. 적그리스도이다. 헬라어로는 'αντιχριστος'(안티크리스토스)인데 성경에는 적그리스도라는 말을 사용한 사람은 없다. 유일하게 사도 요한만이 그 단어를 사용하였는데 그는 요한1서에서 세 번(2:18; 2:22; 4:3)과 요한2서에서 한 번(1:7)을 사용했다. 그런데 '적그리스도'라는 단어가 한글로는 같이 쓰이지만 뉘앙스가 좀 다른 단어가 있다. 즉, 요한1서 2:18절의 앞의 부분의 "적그리스도($o\ αντιχριστος$, 호 안티크리스토스)가 오리라"와 뒷부분의 "지금도 많은 적그리스도($νυν\ αντιχριστοι$, 뉜 안티크리스토이)가 일어났으니"라고 되어 있다. 그리고 요한1서 2:22절에는 "그가 적그리스도니($o\ αντιχριστος$, 호 안티크리스토스)"와 요한1서 4:3절의 "적그리스도의 영($του\ αντιχριστου$, 투 안티크리스토우)이니라" 그리고 요한2서 1:7절의 "미혹하는 자요 적그리스도니($o\ αντιχριστος$, 호 안티크리스토스)라고 되어 있다.

1) 적그리스도($αντιχριστος$, 안티크리스토스)

적그리스도($αντιχριστος$, 안티크리스토스)란 '그리스도'($χριστας$, 크리스토스)라는 단어 앞에 '적'이라는 전치사 $αντι$(안티)가 붙어 있다. 이것은 '대적한다'라는 뜻으로 영어의 'against', 'opposite'의 뜻이기도 하고, '대신한다'의 'instead'라는 뜻이기도 하다. 그러니까 여기 적그리스도는 그리스도를 대적하는 자인 동시에 그리스도의 가르침과 권위를 폐하려는 자이며, 가짜 그리스도로 그리스도를 대신하려는 자임을 $αντιχριστος$(안티크리스토스)라는 단어를 통하여 알 수 있다.

여기의 적그리스도는 진짜 그리스도를 대적하는 자임과 동시에 진짜 그리스도라고 속여서 7년 대환난을 주도하며, 성도를 핍박하고 죽음으로까지 몰고 가는 자인 것이다. "용이 짐승에게 권세를 주므로 용에게 경배하며 짐승에게 경배하여…"(계 13:4)의 말씀 중의 '짐승'이 바로 적그리스도라는 것이다. '용' 곧 '사탄'이 '짐승' 곧 '적그리스도'에게 권세를 주었는데 그 "짐승이 과장되고 신성 모독을 말하는 입을 받고 또 마흔두 달 동안 일할 권세를 받으니라."(계 13:5)의 말씀의 현실화를 이 적그리스도가 진행하게 될 것이다.

> 아이들아 지금은 마지막 때라. 적그리스도가 오리라는 말을 너희가 들은 것과 같이 지금도 많은 적그리스도가 일어났으니 그러므로 우리가 마지막 때인 줄 아노라(요일 2:18)
>
> παιδια εσχατη ωρα εστιν και καθως ηκουσατε οτι ο αντιχριστος ερχεται και νυν αντιχοιστοι πολλοι γεγονασιν οθεν γινωσκομεν οτι εσχατη ωρα εστιν

그런데 여기서 잠깐 요한1서 2:18절 앞부분의 '적그리스도'와 중간 부분의 '지금도 많은 적그리스도'에서 '적그리스도'라는 말이 나오는데 어떤 차이가 있는지를 짚고 넘어가야 할 것이다. 요한은 '지금은 마지막 때라'고 했는데 여기 마지막 때를 초림과 재림 사이의 때로 볼 수 있다. 요한 당시에 영지주의자들의 행태로 교회 안팎에서 많은 논쟁과 이론이 생겨 복음이 훼손되고 기독교와 강한 대립각 속에 빠져 있었는데 요한은 그 리더를 가리켜 '적그리스도'라고 했고, 그를 따르는 무리들을 가리켜 '많은 적그리스도'라고 표현한 것이다. 그래서 2:18절 앞 부분의 '적그리스도'(ο αντιχριστος, 호 안티크리스토스)는 단수로 표현하여 이는 그리스도(메시아)를 사칭하거나 대적하는 자를 말하고 있으며, 18절 중반절의 '많은 적그리스도'(νυν αντιχριστοι, 뉜 안티크리스토이)는 복수로 표현하여 이들은 적그리스도를 추종하는 세력들임을 말하고 있는 것이다.

그런데 '적그리스도가 오리라'의 헬라어 성경에는 'ο αντιχριστος ερχεται'(호 안티크리스토스 에르케타이)인데 이것을 영어로 번역해 보면 'the antichrist is coming'으로 'be+ ~ing'의 의미가 된다. 이것은 현재 진행형으로의 의미도 있지만 미래시제를 말하고 있다는 것이다. 결국 '마지막 때' 즉, '세상 끝날'에 적그리스도가 올 것인데 그날까지도 많은 거짓 그리스도가 나타날 것임을 간접적으로 경고하고 있다고 볼 수 있는 것이다.

2) 거짓 그리스도(ψευδοχριστοι, 프슈도크리스토이)

거짓 그리스도(ψευδοχριστοι, 프슈도크리스토이)란 '그리스도'(χριστος, 크리스토스)라는 단어 앞에 '거짓'이라는 전치사 ψευδο(프슈도)가 붙어 있다. ψευδο(프슈도)라는 말은 '거짓', '사이비', '사칭'의 의미가 있어 '거짓 그리스도'(ψευδοχριστοι, 프슈도크리스토이)란 말은 자신을 '그리스도', '재림 예수', '광명한 새벽별' 등으로 사칭한다는 의미이다.

거짓 그리스도들과 거짓 선지자들이 일어나 큰 표적과 기사를 보여 할 수만 있으면 택하신 자들도 미혹하리라(마 24:24)

εγερθησονται γαρ ψευδοχριστοι και ψευδοπροφηται και δωσουσιν σημεια μεγαλα και τερατα ωστε πλανησαι ει δυνατον και τους εκλεκτους

그런 사람들은 거짓 사도요 속이는 일꾼이니 자기를 그리스도의 사도로 가장하는 자들이니라(고후 11:13)

οι γαρ τοιουτοι ψευδαποστολοι εργαται δολιοι μετασχηματιζομενοι εις αποστολους χριστου

여기서 하나 짚고 넘어가고 싶은 것은 위의 요한1서 2:18절의 적그리스도는 한글로 단수이기도 하지만 헬라어로도 'αντιχριστος'(안티크리스토스)라는 단수형을 취하고 있다는 것이다. 그러나 마태복음 24:24절에는 한글로 '거짓 그리스도들'과 '거짓 선지자들'이라고 복수로 표현이 되어 있고 헬라어로도 'ψευδοχριστοι'(프슈도크리스토이), 'ψευδοπροφηται'(프슈도프로페타이)라는 복수의 의미로 표현하고 있다. 그리고 고린도후서 11:13절의 '거짓 사도요 속이는 일꾼'이라는 단수의 한글 표기가 헬라어로는 'ψευδαποστολοι'(프슈다포스톨로이)와 'εργαται'(에르가타이)라는 복수의 의미가 있는 단어를 사용하고 있다는 것이다. 물론 그 앞에 '그런 사람들은'이라는 복수형과 맨 뒤의 '자들'이라는 복수형의 영향 아래 있지만 글자적 표현도 복수 형태로 되어 있다는 것이다.

　이것을 보더라도 적그리스도는 용(사탄)으로부터 권세를 부여받은 짐승(적그리스도)으로 7년 대환난 기간 동안 주도권을 가지고 핍박과 살인을 저지를 자로 'αντιχριστος'(안티크리스토스)라는 단수(유일)로 표현하고 있음을 알 수 있다. 그리고 거짓 그리스도(들), 거짓 선지자(들), 거짓 사도(들)와 속이는 일꾼(들)은 자신들이 그리스도라고 사칭하여 성도들을 속이고 정상적인 신앙생활을 하지 못하도록 하는 자들이라고 예수님도, 성경의 다른 기록자들도 경고를 준 인물들이다. 요즘 흔히 말하는 이단들이나 성경을 왜곡해서 가르치고 인간 중심의 교회를 운영하는 거짓 목회자들이라는 것이다. 예레미야가 말한 거짓 그리스도와 예수님께서 경고하신 거짓 선지자에 대해서 언급을 했는데 모두 복수로 표현되었다. 두 구절 보면 다음과 같다.

　　　내가 그들을 보내지 아니하였어도 그들이 내 이름으로 거짓을 예언함이라. 여호와의 말씀이니라(렘 29:9)

　　　거짓 선지자들을 삼가라. 양의 옷을 입고 너희에게 나아오나 속에는 노략질하는 이리라(마 7:15)

　여기서 중요한 것은 분명하게 적그리스도와 거짓 그리스도와는 본질적으로 분별하고 구분하여야 한다는 것이다. 구분할 수 있는 내용은 앞에서 간단하게 말했다. 그리고 적그리스도란 미래적 존재의 표현이지만 거짓 그리스도는 과거-현재-미래적 존재의 표현이라는 것이다. 따라서 거짓 그리스도는 다양한 단어로 표현되고 있어도 그 뜻은 같은 의미를 가지고 있다. 성경에는 거짓 선지자, 거짓 사도, 삯꾼, 거짓을 말하는 영, 거짓 예언자, 거짓을 예언하는 선지자, 거짓말을 가르치는 선지자, 내 이름으로 거짓을 예언하는 자, 백성에게 거짓을 믿게 하는 자, 그리스도의 사도로 가장하는 자, 자칭 사도, 거짓 증인, 그리스도를 부인하는 자 등 아주 다양하게 표현해 주고 있다.

이것은 우리에게 거짓을 담고 있는 거짓 선지자, 거짓 사도, 삯꾼, 거짓을 말하는 영, 거짓 예언자 등이 다양한 모습으로 다량으로 나타나 현혹할 것이기에 정말 조심하고 조심하라는 가르침과 경고로 보면 될 것이다.

2. 구원 예언의 역사적 증명

역사란 말을 국어사전에서 찾아보면 "인류 사회의 변천과 흥망의 과정 또는 그 기록"이라고 나와 있다. 그런데 여기서 더 나아가 '역사기록에 대한 에피소드'란 글로 인터넷에 검색해보면 '기록말살형'이라는 제목으로 자료가 올라와 있다. 그중의 한 단락을 보면 이렇다.

"기록말살형은 후대의 역사학자들에게도 최악의 적이다. 아무래도 '역사는 승리한 자의 기록이다'라는 말이 있는 만큼 한 사건이나 인물에 대해서 기록마다 상반된 평가를 내리는 경우가 빈번하다. 따라서 한 역사적 기록이 가치를 얻기 위해서는 그 주제를 다룬 다른 기록들과 비교를 해 봐야 한다(=즉, 교차검증을 해야 한다). 따라서 역사적 기록은 많으면 많을수록 좋다는 말"

위 내용을 보면 국어사전의 내용과 인터넷 자료 내용에서 알 수 있는 역사에 대한 공통점으로는 '선-행적, 후-기록'이다. 내용을 더 살펴보면 지나온 행적에 대해 권력자의 주도 아래 미화나 왜곡이나 축소나 확대나 삭제 등 다양한 방법으로 기록이 되어 있어 역사는 실제적 진실이 왜곡될 확률이 높다는 것이다. 왜냐하면 꾸며진 권력으로 그 권력을 보호하고 그 권력을 오래 유지하기 위한 하나의 수단으로 사용할 수 있는 좋은 방법이기 때문이다.

1) 성경은 역사적 확정

그럼 성경은 어떤 내용을 어떻게 기록했을까?

성경은 어느 것 하나 사람의 뜻과 행위로 기록된 것이 없다. 하나님은 모든 성경이 철저히 하나님의 감동(영감)으로 기록되었다는 것을 분명하게 밝혀주고 있다(딤후 3:16). 그리고 내용은 하나님의 구원의 역사가 핵심이다. 따라서 어떤 성경은 기록될 당시는 예언이고, 기록될 당시가 지나면 역사이다. 그러나 성경의 전체적인 목적은 인류 최후의 구원 역사라는 것이다. 물론 그 중간중간에 인간의 역사와 접목된 내용들은 인간의 역사를 통해 하나님은 인간의 최후의 구원 역사까지를 확실하게 알려주시기 위해 보여주신 것이라고 생각한다.

성경에 나오는 '적그리스도'란 단어는 앞에서 설명했지만 유일하게 사도 요한이 사용했으며, 그것도 그가 보낸 서신서인 요한1서와 요한2서에만 나온다. 그렇다면 성경 어느 곳에서도 적그리스도에 관련한 내용이 없을까? 그것은 아니다. 성경의 여러 곳에서 적그리스도에 대한 내용 설명은 사도 요한이 한 말 외에도 많이 찾아볼 수 있다는 것이다. 특별히 구약 에스겔 38-39장을 보면 적그리스도를 포함한 말세지말의 진행 프로그램이 보인다.

> 여러 날 후 곧 말년(1)에 네가 명령을 받고 그 땅 곧 오래 황폐하였던 이스라엘 산에 이르리니(2) 그 땅 백성은 칼을 벗어나서 여러 나라에서 모여 들어오며 이방에서 나와 다 평안히 거주하는 중이라. 네가(3) 올라오되 너와 네 모든 떼와 너와 함께 한 많은 백성이 광풍 같이 이르고 구름 같이 땅을 덮으리라(4)(겔 38:8-9)

> 주 여호와의 말씀이니라. 볼지어다, 그 날이 와서 이루어지리니(5) 내가 말한 그 날이 이 날(6)이라(겔 39:8)

위 말씀 중 8절을 보면 (1) '여러 날 후 곧 말년'과 (2) '그 땅 곧 오래 황폐하였던 이스라엘 산에 이르리니', 9절의 (3) '네가'와 (4) '너와 함께 한 많은 백성이 광풍 같이 이르고 구름 같이 땅을 덮으리라' 그리고 에스겔 39:8절의 (5) '그 날이 와서 이루어지리니'와 (6) '그 날이 이 날'이 나온다.

에스겔서는 예언의 말씀이고 비유의 말씀이므로 여기서 보는 이스라엘은 육적인 이스라엘을 넘어서 예수님을 믿어서 구원받은 영적 이스라엘로 보아야 한다.

따라서 (1)의 '말년'은 말세지말 즉, 세상의 종말을 의미하며, (2)는 세계로 흩어져 있던 이스라엘 민족의 귀환, (3)은 우두머리(왕, 적그리스도), (4)는 아마겟돈(므깃도) 전쟁, (5)는 아마겟돈 전쟁에서의 재림 예수님의 승리 완성 그리고 (6)은 우두머리(적그리스도)가 심판받는 날로 보아야 한다는 것이다.

> 인자야 너는 마곡 땅에 있는 로스와 메섹과 두발 왕 곧 곡에게로 얼굴을 향하고 그에게 예언하여(겔 38:2)

여기서 정말 중요한 것이 하나 있다. 에스겔 38장에 나오는 '곡'과 '마곡'이라는 단어와 요한계시록 20:8절에 나오는 '곡과 마곡'을 연결하여 잘못 설명하는 사람들이 너무 많다는 것이다. 분명한 것은 에스겔에 나오는 '곡'과 '마곡'은 요한계시록에 나오는 '곡과 마곡'과 연결이 되는데 어떻게 연결이 되는지의 팩트는 다음 순서에서 설명을 할 것이다.

앞에서도 나는 성경에 기록된 내용은 인간의 역사와 전혀 무관하지 않다고 했다. 그렇다고 성경에 기록된 내용이 인간의 역사적 사실에만 국한되었다고 하지도 않았다. 성경은 하나님의 구속의 역사가 기록된 책이다. 이 성경에 인간 역사와 전혀 관계없는 내용들이 기록이 되었다면 허구의 책이 될 것이요 역사적 사실(기록 당시는 예언이 될 수 있음)만의 기록이라면 성경은 역사서에 불과할 뿐이다. 사탄은 이미 그것을 알고 있다. 그래서 사탄은 사람들을 이용하여 성경이 인간의 역사와 전혀 무관하다고 '허구의 책'이라고 비웃고 있고, 역사와만 관계있다고 '역사의 책'에 불과하다고 호도하고 있다. 하나님은 사탄과 인간의 속성을 잘 아시기에 인간 역사의 흐름을 보여주시면서 그 흐름의 예언적 사실 입증으로 구속의 역사를 완료하는 방법을 사용하셔서 성경을 기록해 주신 것이다. 그 과정을 한 예를 들어서 살펴보기로 한다.

> 보라 그 날 곧 내가 유다와 예루살렘 가운데에서 사로잡힌 자를 돌아오게 할 그 때에 내가 만국을 모아 데리고 여호사밧 골짜기에 내려가서 내 백성 곧 내 기업인 이스라엘을 위하여 거기에서 그들을 심문하리니 이는 그들이 이스라엘을 나라들 가운데에 흩어 버리고 나의 땅을 나누었음이며(욜 3:1-2)

주전 830년 전에 기록된 요엘 3:1절에 '그 날'은 예수님이 재림하시기 전 어느 한 시기를 말하며, '유다와 예루살렘 가운데에서 사로

잡힌 자를 돌아오게 할'이라는 것은 유대인들이 팔레스타인에 모여서 나라를 세울 것을 예언한 구절이다. 2절에 나오는 '여호사밧 골짜기'를 비롯한 구절들 특히 '내 기업인 이스라엘을 위하여 거기에서 그들을 심문하리니'라고 하신 것을 보아 이스라엘 즉, 선민은 구원하고 그들을 괴롭히던 '그들'은 엄격한 죄를 물어 무서운 심판을 하실 것을 말씀해 주신 것이다.

여기서 말한 '여호사밧 골짜기'는 '여호와께서 심판하시는 골짜기'를 말하는데 이것은 하나님께서 유대 민족을 괴롭히는 이방 나라(두로, 시돈, 블레셋, 애굽, 에돔)를 철저하게 징계하실 것을 말씀하신 것이다. 그러나 궁극적으로는 세상의 마지막 날에 세상으로부터 부당하게 괴로움을 받고 핍박을 받는 하나님의 백성들을 구하시는 방법으로 여호사밧 골짜기 즉, 아마겟돈 골짜기에서 심판을 하시겠다고 예언해 주시는 말씀인 것이다.

그런데 위 말씀을 스바냐 3:8절에서 다시 들여다 볼 수 있다. 스바냐는 주전 640년경에 쓴 것이라 요엘서가 기록된 후 200여 년이 흐른 뒤의 말씀이다. 중요한 것은 하나님께서는 불의한 것을 참지 못하시고 징벌을 하신다는 것이다. 그런데 아이러니하게도 열국이 그로 인해 멸망까지 가는데도 불구하고 이스라엘이 회개하지 아니하고 패역의 길을 간다는 것이다. 이것을 아시는 하나님이 분노의 말씀을 하신다.

> 나 여호와가 말하노라. 그러므로 내가 일어나 벌할 날까지 너희는 나를 기다리라. 내가 뜻을 정하고 나의 분노와 모든 진노를 쏟으려고 여러 나라를 소집하며 왕국들을 모으리라. 온 땅이 나의 질투의 불에 소멸되리라(습 3:8)

그래서 스바냐 3:8절에서처럼 패역의 대가를 반드시 치를 것인데 그 방법은 열국을 모아 이스라엘을 침범하게 될 것이라고 하셨다. 그래도 궁극적으로는 이스라엘은 구원을 받고 열국은 징벌을 받을 것이란 말씀이다. 그런데 특이한 것은 요엘 3:1절의 '내가 만국을 모아 데리고'와 스바냐 3:8절의 '내가…여러 나라를 소집하며' 그리고 그 후 50-60여년 후인 주전 580년 전후에 쓰인 에스겔 38:7절의 '너는 그들의 우두머리가 될지어다'와 8절의 '말년에 네가 명령을 받고'의 말씀이다.

> 너는 스스로 예비하되 너와 네게 모인 무리들이 다 스스로 예비하고 너는 그들의 우두머리가 될지어다. 여러 날 후 곧 말년에 네가 명령을 받고 그 땅 곧 오래 황폐하였던 이스라엘 산에 이르리니(겔 38:7-8상반절)

그러므로 여기서 정말 중요한 것은 이스라엘의 범죄로 인한 하나님의 징벌적 체벌의 도구인 이스라엘의 적(敵)이 모두 하나님의 주관 하에 만들어지고 하나님의 프로그램 안에서 운영이 되고 있다는 것이다. 즉, 우두머리로 선정된 자가 만국을 모아 하나님의 명령을 받고 이스라엘을 공격하여 그들을 괴롭히겠지만 결국 하나님은 그 우두머리를 비롯한 여러 나라를 불에 소멸시킬 것이라고 말씀해주고 계신다(습 3:8).

이것은 말세지말에도 똑같은 방식으로 하나님의 구원의 역사가 진행이 될 것이라는 것을 보여주는 것이라고 할 수 있다. 다시 말해 세상을 심판하고 불의를 징벌하기 위해 적그리스도를 세우실 것이며, 그 적그리스도가 세상을 온갖 핍박과 통제로 괴롭힐 것임을 보여주시는 것이라고 할 수 있다. 따라서 구원의 확신이 있는 성도들은 현재나 미래 그리고 대환난 기간에도 하나님의 구원 방식을 잘 이해하고 잘 따르며 지키는 것이 구원으로 가는 지름길이 될 것이다. 정말 조심해야 할 것은 구원으로 가기까지에 환난을 무시하는 자들이 많다는 것이다. 다시 말해서 정말 조심해야 할 것이 있는데 구원으로 가기까지에 벌어질 환난을 외면하거나 왜곡하는 자들이 많다는 것이다. 하나님께서는 세상의 역사적 흐름을 이렇게 보여주시면서 인간의 구원 역사를 가르쳐주고 계시는 것에 감사하지 않을 수 없다.

2) 역사적 진행의 완성

에스겔 38-39장에서는 전쟁의 시작과 과정 그리고 결과까지를 구체적으로 설명해 주고 있다. 그런데 이 내용을 단순히 이스라엘의 전쟁으로만 생각하기에는 정말 심오한 내용이다. 그 내용을 이스라엘의 역사에 국한(局限)하기에는 너무 구체적이라는 것이다. 이 말씀들이 말세지말 즉, 세상의 종말에 있을 전쟁이 은유적으로 기술되어 있어 하나님의 구속사를 어떻게 바라보아야 하는 것을 재점검할 수 있었으면 좋겠다.

거듭 말하지만 하나님의 인류 구원의 역사는 인간의 역사와 전혀 무관한 관점에서 보면 안된다는 것이다. 그리고 하나님의 구원의 역사를 인간의 역사에 한정해 버리면 안된다고도 말했었다. 왜냐하면 하나님은 인간의 역사를 통해서 하나님의 인류 구원의 역사를 보여주시기 때문에 인류의 역사를 통해 구원의 역사까지를 이해하고 하나님 말씀을 믿고 따라야 한다는 것이다. 그렇다면 요엘과 스바냐와 에스겔이 말한 전쟁의 예언적 사실과 결과적 사실은 어떨까?

> 이 전쟁에는 너희가 싸울 것이 없나니 대열을 이루고 서서 너희와 함께 한 여호와가 구원하는 것을 보라. 유다와 예루살렘아 너희는 두려워하지 말며 놀라지 말고 내일 그들을 맞서 나가라. 여호와가 너희와 함께하리라 하셨느니라(대하 20:17)

실제로 이 선지자들이 예언한 전쟁에 대해서 에스라로 추정이 되는 역대기 저자가 주전 450년경에 그 결과를 기록했다. 저자는 이 전쟁은 하나님께 속한 것으로 하나님의 주도적 간섭이 있을 것이라는 것도 기록해 주고 있다(대하 20:15). 물론 그 전제는 유다 왕 여호사밧이 자신들의 무능과 하나님의 철저한 의지를 고백(대하 20:12)하였다는 것이다. 나아가 적들과 맞설 드고아 들로 나가면서 여호사밧은 "유다와 예루살렘 주민들아 내 말을 들을지어다. 너희는 너희 하나님 여호와를 신뢰하라. 그리하면 견고히 서리라. 그의 선지자들을 신뢰하라. 그리하면 형통하리라."(대하 20:20)라고 하고는 백성들과 의논하여 노래하는 자들을 택하여 거룩한 예복을 입히고 군대 앞에 세워 행진하면서 찬송하도록 했다. 그 결과는 다음과 같다.

> 그 노래와 찬송이 시작될 때에 여호와께서 복병을 두어 유다를 치러 온 암몬 자손과 모압과 세일 산 주민들을 치게 하시므로 그들이 패하였으니 곧 암몬과 모압 자손이 일어나 세일 산 주민들을 쳐서 진멸하고 세일 주민들을 멸한 후에는 그들이 서로 쳐죽였더라(대하 20:22-23)

이 말씀 또한 전쟁의 주도권 즉, 전쟁의 운영도 하나님이 하신다는 것을 확인할 수 있다. 이 전쟁에서 유다 온 백성은 한 사람도 피해가 없었을 뿐 아니라 적군들 중에는 한 사람도 피한 사람이 없다고 했다. 심지어 그 적군이 가진 재물과 의복과 보물 등을 적군의 시체들에서 탈취하는 데에만 3일이 걸렸다고 하니 그 적군의 수가 얼마나 많았을지 상상이 되지 않는다. 이렇게 전장(戰場)을 정리하고 나흘이 되어서야 백성들이 모여서 여호와를 송축하기에 이르렀다.

> 넷째 날에 무리가 브라가 골짜기에 모여서 거기서 여호와를 송축한지라. 그러므로 오늘날까지 그곳을 브라가 골짜기라 일컫더라(대하 20:26)

'브라가 골짜기'의 '브라가'는 축복이라는 단어이기에 '축복의 골짜기'라는 뜻이며, 오늘날까지 그곳을 브라가 골짜기라 일컫는다는 말에 의미가 있다. 이렇게 요엘서에서 예언된 말이 여기서 마무리되는 것으로 마친다면 앞에서도 말했지만 성경이 인간사의 역사를 기록한 역사책이 된다는 것이다. 그러나 하나님의 예언된 구원의 역사는 인간의 역사적 사실로 가르쳐주시면서 예언의 현실화까지로 이루어주신다는 것이다.

> 또 내가 보매 개구리 같은 세 더러운 영이 용의 입과 짐승의 입과 거짓 선지자의 입에서 나오니 그들은 귀신의 영이라. 이적을 행하여 온 천하 왕들에게 가서 하나님 곧 전능하신 이의 큰 날에 있을 전쟁을 위하여 그들을 모으더라. 보라 내가 도둑 같이 오리니 누구든지 깨어 자기 옷을 지켜 벌거벗고 다니지 아니하며 자기의 부끄러움을 보이지 아니하는 자는 복이 있도다. 세 영이 히브리어로 아마겟돈이라 하는 곳으로 왕들을 모으더라(계 16:13-16)

여기에 나오는 용은 사탄을 말하며, 짐승은 적그리스도를 말하고, 거짓 선지자는 말 그대로 거짓 그리스도를 말한다. 이들이 '큰 날에 있을 전쟁을 위하여 모은 자들'(계 16:14)이 있는데 이들은 예언의 시간적 순서대로 '만국을 모아서 모인 자들'(욜 3:2), '여러 나라를 소집하며 모은 왕국들'(습 3:8), '그 모든 떼 곧 많은 백성의 무리'(겔 38:6), '우리를 치러 오는 이 큰 무리'(대하 20:12)들을 말하는 것이다.

그리고 예언된 전쟁의 결과가 "여호와께서 복병을 두어 유다를 치러 온 암몬 자손과 모압과 세일 산 주민들을 치게 하시므로 그들이 패하였으니 … 물건이 너무 많아 능히 가져갈 수 없을 만큼 많으므로 사흘 동안에 거두어들이고"(대하 20:22-25)인데 이 말씀이 "짐승이 잡히고 그 앞에서 표적을 행하던 거짓 선지자도 함께 잡혔으니 … 그 나머지는 말 탄 자의 입으로부터 나오는 검에 죽으매 모든 새가 그들의 살로 배불리더라."(계 19:20-21)의 말씀과 연결이 된다.

이렇게 요엘 선지자로부터 말세지말에 대한 예언적 말씀이 스바냐, 에스겔을 거쳐 역사적 사실로 진행이 되면서 하나님께서는 구원의 역사 프로그램을 완성해 간다는 것을 확인할 수 있다. 이렇게 역사적 흐름에 따라 진행이 되는 하나님의 구원의 역사가 선지자들을 통해서 그리고 사도들을 통해서 전해졌는데 구원의 역사의 완료 시기가 가까이 왔다는 것이 또 사실인 것이다.

그렇다면 말세지말(末世之末), 이 말은 세상 끝 중의 끝이라고 하는 말인데 성경에 나오는 말씀들이나 현재 세계에서 일어나는 일들을 보면 유사함을 넘어서 같다는 생각이 든다. 그러려면 이제 적그리스도가 나타나기만 하면 되는데 그것도 이제는 시간 문제라고 보인다.

3. 적그리스도 출현 예언

성경에 보면 말세지말 즉, 심판의 날에 대한 예언과 설명과 경고를 한 구약의 선지자들이 많다. 이들은 영적인 지도자들이기에 하나님이 분노하시는 죄악들을 경고하고, 경고에 대한 징벌의 날을 '여호와의 날', '주의 날', '심판의 날' 그리고 기타 여러 날로 표현하면서 회개를 촉구하기도 한 것이다. 그런데 정말 중요한 것은 그 경고와 회개 촉구가 단순히 현실적 사실에만 국한되어 있지 않고 먼 장래 말세지말의 하나님의 구원의 역사에도 밀접한 관계가 있다는 것이다.

그런데 그 심판의 날에 예수님과 대립각을 세우고 대항할 자가 있다는 것도 성경에서 분명하게 가르쳐주고 있다. 성경에서는 그를 적그리스도라고 한다. 그러나 성경에는 적그리스도와 거짓 그리스도에 대한 용어가 나오기에 그 용어의 정의(定義)적 뜻과 그 역할들을 앞에서 자세하게 설명을 했다. 그래서 이제 성경에서 예언된 적그리스도가 누구이며 언제 어떻게 출현될 것인가를 살펴보는 것도 그래서 매우 중요하다.

1) 곡과 마곡

　에스겔 38:1-6절까지를 보면 '마곡'과 '곡'이 나온다. '마곡'이란 로스와 메섹과 두발이라는 지역을 말하고 있으며, '곡'은 로스와 메섹과 두발(겔 38:3)이라는 지역과 '바사와 구스와 붓과 고멜과 그 모든 떼와 북쪽 끝의 도갈마 족속과 그 모든 떼 곧 많은 백성의 무리'(겔 38:5-6)의 '우두머리'(겔 38:7)를 말한다. 즉, 여기서 말하는 '곡'이란 바로 세상 심판의 날 즉, 예수님의 지상 재림 때 예수님께 대항하기 위해 자기 추종 세력들을 모아 아마겟돈으로 오는 적그리스도를 말하는 것이다. 물론 이 적그리스도는 7년 대환난 기간 동안 세상 권력을 잡고 교회를 핍박하고 각종 행패를 부릴 자이다.

　성경에 '곡'과 '마곡'이라는 단어가 한 장에 동시에 나오는 곳은 에스겔 38장과 39장 그리고 요한계시록 20장뿐이다. 그런데 '곡과 마곡의 전쟁'이라는 제목과 그와 유사한 제목으로 설교를 하는 목사들의 내용은 참 다양하다.

　에스겔 38-39장에 나오는 '곡과 마곡'의 전쟁을 요한계시록 20장에 나오는 '곡과 마곡'의 전쟁으로 보는 경우가 대다수이고, 어떤 목사는 에스겔의 '곡과 마곡의 전쟁'을 요한계시록 16장의 '아마겟돈 전쟁'으로 보고 설교하기도 한다. 심지어 어떤 경우는 차례대로 에스겔의 곡과 마곡의 전쟁 - 요한계시록 16장의 아마겟돈 전쟁 - 요한계시록 20장의 곡과 마곡의 전쟁을 따로따로 순서대로 진행되는 다른 전쟁으로 보는 경우도 있다.

정말 중요한 것이 있다. 앞에서 말했지만 구약에 예언된 말씀들은 인간의 역사적 사실(예언에서 보면 미래)과 하나님의 구원의 역사 프로그램은 전혀 무관하지는 않지만 단어 하나하나까지 다 맞아야 하는 것이 아니라는 것은 이미 아는 사실이다. 그런데 에스겔 38-39장의 곡과 마곡의 전쟁을 요한계시록 20장의 곡과 마곡의 전쟁과 단어를 맞추려다 보니 상황이 맞지 않더라는 것이다. 다시 말해 에스겔의 곡과 마곡의 전쟁은 준비하는 과정부터 결과가 요한계시록 16장에 나오는 세상 심판의 날 예수님이 재림하실 때 적그리스도가 자기를 따르는 무리들을 이끌고 아마겟돈으로 와서 대항하다가 예수님께 잡혀서 무저갱에 갇히게 되는 내용과는 같다.

따라서 에스겔 38-39장의 곡과 마곡의 역사적 전쟁의 상황은 요한계시록 16장에 나오는 아마겟돈 전쟁의 예언적 전쟁의 사실로 진행이 될 것을 보여주는 것으로 보면 된다. 그러나 요한계시록 20장에 나오는 백보좌 심판 때에 있을 '곡과 마곡'이라는 말과는 전혀 다르다는 것이다.

> 나와서 땅의 사방 백성 곧 곡과 마곡을 미혹하고 모아 싸움을 붙이리니 그 수가 바다의 모래 같으리라(계 20:8)
> και εξελευσεται πλανησαι τα εθνη τα εν ταις τεσσαρσιν γωνιαις της γης τον Γωγ και Μαγωγ συναγαγειν αυτους εις τον πολεμον ων ο αριθμος αυτ ων ως η αμμος της θαλασσης.

그렇다면 위의 요한계시록 20:8절의 '곡과 마곡'의 전쟁은 어떻게 봐야 할까? 이 말씀은 아마겟돈 전쟁에서 재림하시는 예수님께 잡혀서 무저갱에 천 년 동안 갇혀있던 사탄이 천 년 후에 잠시 풀려 나와 '사방 백성'이라는 단어의 동격인 '곡과 마곡'을 미혹하여 싸움을 붙이는데 그 수가 아주 많다는 것을 보여주시는 말씀인 것이다. 따라서 에스겔 38-39장의 곡과 마곡의 전쟁과 요한계시록 20장의 '곡과 마곡'의 전쟁은 전혀 다르다는 것이다. 그런데 여기 '곡과 마곡'($Γωγ\ και\ Μαγωγ$)이라는 두 명사를 한 개의 관사($τον$)로 묶었는데 이것은 '곡과 마곡'을 '예수님을 향한 대항마'인 사탄의 추종 세력 곧 '땅의 사방 백성'을 통칭한 것이다.

결국 요한계시록 20장에 나오는 '곡과 마곡'은 에스겔 38-39장에 나오는 '곡과 마곡'하고는 전혀 다르다는 것이다. 에스겔에 나오는 '곡'은 예수님 재림 시에 아마겟돈(계 16:16)에서 예수님께 대항하는 적그리스도를 상징하지만 요한계시록 20장의 '곡'은 천년왕국에서 천 년을 지내며 살아온 후에 사탄에 미혹되어 사탄의 추종 세력이 되어 예수님께 대항하는 자들을 의미한다고 볼 수 있다는 것이다.

> 그들이 지면에 널리 퍼져 성도들의 진과 사랑하시는 성을 두르매 하늘에서 불이 내려와 그들을 태워버리고 또 그들을 미혹하는 마귀가 불과 유황 못에 던져지니 거기는 그 짐승과 거짓 선지자도 있어 세세토록 밤낮 괴로움을 받으리라(계 20:9-10)

그 답은 요한계시록 20:9-10절에서 찾아볼 수 있는데 예수님을 대항하던 모든 사람들은 불에 타버리지만 사람들을 미혹했던 마귀가 유황불에 던져졌는데 거기에는 이미 "짐승이 잡히고 그 앞에서 표적을 행하던 거짓 선지자도 함께 잡혔으니 이는 짐승의 표를 받고 그의 우상에게 경배하던 자들을 표적으로 미혹하던 자라. 이 둘이 산 채로 유황불 붙는 못에 던져지고"(계 19:20)의 말씀처럼 '짐승'(적그리스도)과 거짓 선지자가 아마겟돈 전쟁에서 잡혀서 이미 불과 유황 못에 들어와 있었다는 것이다. 그런데 정말 우리가 조심하고 또 각성하면서 봐야 할 말씀이 있다. 천년왕국에 참여했던 성도들이 천 년이 지난 후에 마귀가 등장하여 유혹할 때 그 유혹된 '그 수가 바다의 모래와 같다'라는 말씀이다.

> 나와서 땅의 사방 백성 곧 곡과 마곡을 미혹하고 모아 싸움을 붙이리니 그 수가 바다의 모래 같으리라(계 20:8)

사람들은 구원에 대해서 너무 쉽게 생각한다. 그냥 예수님 믿는다고 말로 고백하면 구원받는다고 생각하는 사람들이 너무 많다는 것이다. 아니 교회에서 그렇게 가르치고 있는 것도 사실이다. 다시 말해 교회에서는 진정한 믿음의 고백으로 삶의 내용과 방식이 달라지는 검증된 성도는 구원이 당연하겠지만 그냥 예수님 믿는다고 입으로 말하고 교회에 나오는 사람들도 구원받았다고 선포해준다는 것이다. 사탄은 그렇게 호락호락한 존재가 아니다. 사탄은 하나님께도 대든 자이다. 그가 최후의 순간까지 사람들을 시험하여 넘어뜨리는데 그 전의 인생의 과정에서 사탄이 사람들을 그냥 방관하고 모두 구원받으라고 보고만 있지 않는다는 사실을 결코 잊지 말아야 할 것이다.

2) 적그리스도의 정체

우리는 적그리스도를 너무 무시하거나 안이하게 생각해서는 안 된다. 앞에서도 조금은 설명을 했고, 다음에도 하겠지만 말세지말에 적그리스도의 만행과 횡포를 극복하고 그것을 통과해야만 진정한 구원에 이르게 되기 때문이다.

> 인자야 너는 또 예언하여 곡에게 이르기를 주 여호와께서 이같이 말씀하시기를 내 백성 이스라엘이 평안히 거주하는 날에 네가 어찌 그것을 알지 못하겠느냐. 네가 네 고국 땅 북쪽 끝에서 많은 백성 곧 다 말을 탄 큰 무리와 능한 군대와 함께 오되 구름이 땅을 덮음 같이 내 백성 이스라엘을 치러 오리라. 곡아 끝 날에 내가 너를 이끌어다가 내 땅을 치게 하리니 이는 내가 너로 말미암아 이방 사람의 눈 앞에서 내 거룩함을 나타내어 그들이 다 나를 알게 하려 함이라(겔 38:14-16)

그렇다면 우리는 이제 적그리스도에 대해 접근을 해서 알아가야 한다. 왜냐하면 적그리스도는 하나님의 구원의 역사 프로그램에 반드시 등장하는 자이며, 우리 성도가 그의 정체를 알아야 그를 대응하며 이겨나갈 수 있기 때문이다. 그를 이기지 못하고 타협을 하여 그를 추종하며 섬긴다면 구원의 백성으로서 천년왕국도 새 하늘과 새 땅에도 전혀 갈 수 없는 인생이 되기 때문이다. 그렇다면 적그리스도는 어디에서 출발하게 되는가? 위의 에스겔 38:14-16절에 나오는 '곡'이 바로 적그리스도의 구체적인 출발이라는 것이다.

에스겔(B.C.585년경)이 에스겔서를 쓰던 거의 비슷한 시기에 다니엘(B.C.536)도 다니엘서를 기록했는데 이제 그 적그리스도에 대해 조금 더 구체적으로 예언을 했다. 그리고 말세에 진행될 하나님의 구원의 프로그램이 더 구체적으로 표현되어 있다. 그러나 앞에서도 분명히 말했지만 하나님의 구원의 프로그램은 예언적 기술(記述)이 역사적 현실로 이루어지며, 그 역사적 현실이 예언적 사실로 입증이 될 것이다.

> 그 열 뿔은 그 나라에서 일어날 열 왕이요 그 후에 또 하나가 일어나리니 그는 먼저 있던 자들과 다르고 또 세 왕을 복종시킬 것이며, 그가 장차 지극히 높으신 이를 말로 대적하며 또 지극히 높으신 이의 성도를 괴롭게 할 것이며, 그가 또 때와 법을 고치고자 할 것이며, 성도들은 그의 손에 붙인 바 되어 한 때와 두 때와 반 때를 지내리라 (단 7:24-25)

앞에서 살펴보았지만 느부갓네살의 교만에 의해 하나님께 받은 책망으로 일곱 때를 짐승처럼 살 것이라는 것을 꿈으로(단 4:15-16) 보여주셨는데 실제로 그러한 삶을 살았다(단 4:32-33). 사실 다니엘 6장까지는 현재적 사실(역사적 사실) 기록이라면 7장부터는 미래적 사실(묵시적 사실)에 무게를 둔 기록이라고 보는 것이 일반적이다. 물론 하나님의 구원의 전체 프로그램은 역사적 사실 위에 진행이 된다는 것은 앞에서도 여러 번 언급했다.

다니엘은 다니엘 7장 1-8절까지에서 네 짐승을 거론하며 진행되는 역사적 사실을 예언했다. 첫 번째 말한 사자는 바벨론(B.C. 605-539)이요 두 번째 말한 곰은 메대·파사(페르시아, B.C. 539-331)요 세 번째 말한 표범은 헬라(그리스, B.C.331-168)요 네 번째는 특정한 짐승명을 거론하지 않고 잔인함을 표현했는데(로마, B.C.168-A.D.476) 그 잔인함은 정치적 횡포를 넘어서는 잔인함을 상징한다고 할 수 있다.

그 뒤 로마 제국은 동로마와 서로마로 나누어진 뒤(A.D.395)에 유럽의 북쪽으로부터 게르만 민족의 대이동으로 서로마는 망하고 (A.D.476) 10개국으로 분열이 된다. 그 10개국이 다니엘이 예언한 열 뿔인 것이다. 그 열 뿔은 ① 알레마니족(독일), ② 프랑크족(프랑스), ③ 부르군트족(스위스), ④ 수에비족(포르투갈), ⑤ 서고트족(스페인), ⑥ 앵글로색슨족(영국), ⑦ 롬바르드족(-이태리) 그리고 ⑧ 반달족, ⑨ 동고트족, ⑩ 헤룰리족이다. 괄호 안의 나라는 현재의 나라를 말한다.

다니엘 7:24-25절을 보면 첫째, 적그리스도가 나올 지역과 둘째, 그의 특징, 셋째, 그가 잔인하게 횡포를 부릴 시기의 예언 그리고 넷째, 횡포 내용, 다섯째, 횡포 기간까지를 적시해 주고 있다. 즉, 그가 나올 장래의 지역은 나라가 분열되어 10개 족속으로 나뉘었는데 "그 후에 또 하나가 일어나리니 그는 먼저 있던 자들과 다르고 또 세 왕을 복종시킬 것이며"라그 했다. 그런데 그 세 나라는 역사적으로는 이미 망한 헤룰리족(A.D.493)과 반달족(A.D.534) 그리고 동고트족(A.D.538)으로 현재 로마의 주변에서 나올 것이 첫 번째요 그리고 '또 하나가 일어나리니'의 일어나는 그의 특징은 '먼저 있는 자들과 다르고'라고 하여 일반적인 국가와 다를 것임을 분명하게 말해주고 있다. 이것은 '그 후에 또 하나'는 정치적인 강한 힘이 있음을 말할 뿐만이 아니라 종교적인 속성도 가지고 있음을 보여주는 것이 두 번째다.

그리고 세 번째로 그가 횡포를 부릴 시기는 '그가 장차'라고 하여 말세지말 즉, 예수님의 재림직전이라는 것을 가르쳐주고 있다. 네 번째로 그의 잔혹함과 교만함은 "지극히 높으신 이를 말로 대적하며 또 지극히 높으신 이의 성도를 괴롭게 할 것이며 그가 또 때와 법을 고치고자 할 것이며"라고 설명해 주고 있다. 이것은 하나님의 성도들을 극악한 방법으로 핍박하는 것을 넘어 하나님께 대한 정면 대항으로 최고의 교만을 보여준다는 것이다. 다시 말해 '때와 법을 고치고자 할 것이며'라고 했는데 이것은 하나님이 인간을 위해 세워주신 자연의 법칙이나 인간의 근본적 규례들까지도 인정하지 않고 변경하여 마치도 자기가 하나님이라는 최악의 교만을 보여준다는 것이다. 그리고 마지막 다섯 번째로 횡포의 기간은 '한 때와 두 때와 반 때'로 앞에서 설명했던 후 3년 반을 말하는 것이다.

신약에서는 사도 바울이 다니엘이 말한 내용과 유사하게 예수님의 재림에 대해서 설명을 해 주고 있다. 당연히 예수님의 재림에는 적그리스도가 먼저 나타나야 하는 것을 다니엘이 언급을 했기에 바울은 또 뭐라고 언급했는지 알아보는 것도 중요하다고 본다.

> 누가 어떻게 하여도 너희가 미혹되지 말라. 먼저 배교하는 일이 있고 저 불법의 사람 곧 멸망의 아들이 나타나기 전에는 그 날이 이르지 아니하리니 그는 대적하는 자라. 신이라고 불리는 모든 것과 숭배함을 받는 것에 대항하여 그 위에 자기를 높이고 하나님의 성전에 앉아 자기를 하나님이라고 내세우느니라(살후 2:3-4)

데살로가후서 2:1절의 '우리 주 예수 그리스도의 강림하심'의 날을 3절에서는 '그날'이라고 표현했는데 그날이 이르려면 '불법의 사람 곧 멸망의 아들이 나타나는 것'이 전제가 된다고 했다. 다시 말해 적그리스도가 나타나서 성도들을 핍박하고 그를 따르는 무리를 이끌고 자기가 하나님이라고 하면서 하나님과 맞대응을 하는 때에 예수님이 재림하신다는 것이다. 바울은 그 적그리스도를 '불법의 사람', '멸망의 아들', '대적하는 자', '자기를 하나님이라고 내세우는 자'라고 표현했다. 적그리스도의 정체성에 대해서 칭하는 공통적인 단어들인 것이다.

제5장

상황적 적그리스도

제5장

상황적 적그리스도

　적그리스도라는 말 자체가 무섭고 두렵다. 기독교 사전도 아닌 일반 사전인 두산백과에서 내린 정의도 "종말에 나타나 그리스도를 대적할 것으로 예언된 통치자"라고 했는데 그 정의만 봐도 섬뜩하다. '그리스도를 대적'한다는 것은 천지를 창조하시고 관리하시고 심판하실 주인에게 대들어 싸우며 자기가 주인이라고 대란을 일으킨다는 것이다. 어불성설(語不成說)이다. 그런데 이것은 앞 장에서 살펴보았지만 성경에서 예언된 사실이다. 그리고 그 사전에서 또 적그리스도에 대해서 부연해서 설명하기를 "적그리스도는 표적과 기사를 행하여 사람들을 미혹하고 하나님의 영광을 노려 도전하는 자로 규정한다."라고 했다. 어떠한가? 기독교 사전이나 기독교와 관련된 책도 아닌 일반 사전인데도 아주 정확하게 정의하고 설명해 주고 있지 않은가?

그런데 그 많은 교회나 신학교 등에서는 이러한 사실들을 얼마나 가르치고 있을까? 현재 세상적인 흐름은 다니엘이 예언했던 것과 같은 상황이 그리고 사도 요한이 예언했던 상황들이 현실화 되고 있다는 것이다.

총 13편으로 되어 있는 손자병법 중 모공편(謀攻篇)에 나오는 말로 오늘 우리들의 현재를 점검하고 대비할 수 있기를 그리고 승리할 수 있기를 권면해 본다.

知彼知己 百戰不殆 (지피지기 백전불태)
不知彼而知己 一勝一負 (부지피이지기 일승일부)
不知彼不知己 每戰必殆 (부지피부지기 매전필태)

"적을 알고 나를 알면 백번 싸워도 위태로울 것이 없으나
나를 알고 적을 모르면 승과 패를 각각 주고받을 것이며
적을 모르는 상황에서 나조차도 모르면 싸움에서 반드시 위태롭다."

1. 적그리스도가 하는 일

성경에 나타난 적그리스도가 하는 일은 다양하다. 물론 앞에서 그 일들을 조금은 언급했다. 그러나 궁극적인 그의 일은 자기가 하나님이 되는 것이다. 앞에서 다니엘 7:24-25절에서도 살펴보았지만 '때와 법을 고친다'는 것 자체가 자기가 하나님이라는 것을 보

여주려는 것이며, 자기가 하나님이 되는 것이 그의 궁극적 목표이기에 그 목표를 달성하기 위해서는 그의 횡포와 폭력은 불문가지인 것이다. 그렇다면 그가 해야 할 급선무는 예수님의 재림을 막아내는 것이다. 그러기에 우선 예수님을 믿지 않는 자들을 다 자기 손아귀에 넣을 것이고, 예수님을 믿는 자들조차도 다 자기 휘하에 두어 재림하시는 예수님과 싸워 이기려고 하는 것이 그가 벌일 지상 최후의 전쟁인 것이다. 그렇다면 그 적그리스도가 저지를 그 세부적인 일들은 무엇일까? 크게 세 가지로만 정리해 본다.

1) 교회의 핍박

말세지말의 최후의 기간인 한 이레가 진행이 되는데 반복적으로 표현이 되지만 후 3년 반이 자주 언급이 된다. 다른 표현으로 '한 때 두 때 반 때'라든지 '마흔 두 달'이라든지 '천이백육십 일'이라든지 '사흘 반' 등이다. 일반적으로 후 3년 반을 가리키는데 주로 사용된 단어들이지만 요한계시록 11:3절의 '천이백육십 일'은 전 3년 반에 해당하는 기간이다. 즉, 하나님이 '두 증인'을 세우시고 권세를 주셔서 예언을 하도록 하셨다. 그들은 세상에 진정한 복음을 전하고 하나님이 세상을 구원하시기 위해 맡기신 많은 역사적인 사역을 이루어간다. 이렇게 전 3년 반이 '두 증인' 즉, 요한계시록 11:4절에 다른 표현으로 '두 감람나무'와 '두 촛대'라고 했는데 이 단어들은 '교회'를 은유적으로 표현한 것이며, 전 3년 반 동안 이들은 맡겨진 사명을 잘 감당한다는 것이다.

> 그들이 그 증언을 마칠 때에 무저갱으로부터 올라오는 짐승이 그들과 더불어 전쟁을 일으켜 그들을 이기고 그들을 죽일 터인즉(계 11:7)

여기 '무저갱으로부터 올라오는 짐승'은 예수님의 재림을 막아내기 위해 그의 최악(最惡)을 발휘할 적그리스도를 말한다. 그리고 11:7절의 맨 앞의 '그들'은 7년 대환난 기간의 전 3년 반 즉, 1,260일(계 11:3) 동안 순전한 믿음으로 신앙을 지켜나가는 교회요 성도들을 의미한다. 그런데 짐승(적그리스도)이 무저갱으로부터 올라와 "그들과 더불어 전쟁을 일으켜 그들을 이기고 그들을 죽일 터인즉"(계 11:7)이라고 했다. 여기서 두 가지를 생각해 볼 수 있다. 하나는 적그리스도의 잔인함을 알 수 있고, 다른 하나는 많은 교회와 성도들이 힘들고 어려운 상황에서도 믿음을 지켜나가기를 멈추지 않을 것이라는 것을 보여주는 것이다.

이렇게 이 적그리스도가 두 증인이 '그 증언을 마칠 때' 즉, 전 3년 반인 1,260일이 지나면 본격적으로 등장해서 교회와 성도들과 싸움을 일으켜 핍박하고 죽일 것이라는 말씀이다. 물론 그냥 아무런 이유 없이 죽인다는 것이 아니다. 세상 모든 사람들을 통제하면서 궁극적으로 자기가 하나님이므로 자기를 섬기라는 것이고, 그렇지 않을 경우 죽인다는 것이다. 그런데 여기 적그리스도에게 죽은 자들을 한글 성경에서는 "그들의 시체가"라고 되어 있으며, KJV 성경에서는 "their dead bodies"(그들의 죽은 시신들)이라고 나와 있고, 헬라어 성경에는 "$πτωματα$"(프토마타, 시체들 : 다른 성경은 '$πτωμα$'로 표기되어 있는데 이 단어는 집합체를 나타내는 단수 명사)로 표현하고 있다. 이것을 볼 때 이 두 증인은 단순히 두 개인이 아닌 집합체 즉, 많은 교회의 사역자들과 성도들을 가리킨다고 할 수 있다.

그런데 이 적그리스도의 특징 중의 하나인 잔혹성에 대해서 다니엘은 이미 직언적 예언 즉, "그가 먼저 있던 자들과 다르고"(단 7:24)라는 말로 그는 먼저 있던 자들과 다르다고 한 것이다. 이 말로 적그리스도의 행위가 얼마나 잔혹하고 광범위하다는 것을 알 수 있으며 그리고 지속적일 것인가를 알려주는 것이다. 요한은 이 상황을 '전쟁'(계 11:7)이라는 단어를 사용하여 그의 잔혹성을 알려주고 있다.

2) 세계를 통제

> 그가 모든 자 곧 작은 자나 큰 자나 부자나 가난한 자나 자유인이나 종들에게 그 오른손에나 이마에 표를 받게 하고 누구든지 이 표를 가진 자 외에는 매매를 못하게 하니 이 표는 곧 짐승의 이름이나 그 이름의 수라. 지혜가 여기 있으니 총명한 자는 그 짐승의 수를 세어 보라. 그것은 사람의 수니 그의 수는 육백육십육이니라(계 13:16-18)

로마 가톨릭의 교황과 교황청에 대한 간단한 자료를 살펴보자. 먼저 교황청이 로마에 자리하게 된 계기가 있다. 콘스탄티누스 황제는 부인 파우스타(Fausta)의 아버지 막시미아누스가 반란을 일으키자 진압했으며, 여러 반란과 전쟁에서 승리한 후 로마제국의 최고의 권력자가 되었다. 그래도 부인 파우스타는 로마제국의 황후로 인정을 받았으며, 여러 왕자들을 낳기도 했다. 그러나 A.D.326년 파우스타는 크리스푸스와의 간통이 드러나 처형되었으며, 콘스탄티누스는 파우스타가 쓰던 라테라노(이탈리아어 Palazzo Laterano) 궁전을 당시 로마교회 감독 실베스터(Sylvester)에게 주어 공관으로 사용하도록 했다. 그 후 330년에 수도를 로마에서 콘스탄티노플로 옮기게 되었고, 그렇게 되자 로마교회는 이제 황제의 간섭을 받지 않고 독자적으로 교권을 확장할 수 있게 되었다.

다음으로 호칭에 대해 살펴보자. 원래 고대 로마의 국가 사제단의 최고 사제의 칭호를 '폰티펙스 막시무스'(Pontifex Maximus, 최고 제사장)라고 불렀는데 이 종교적인 이름이 서서히 정치적인 이름으로 변모하다가 기원전 63년 율리우스 카이사르가 이 이름을 르마 황제의 공식 칭호로 하였다. 그러다가 이 이름을 그리스도인이었던 황제 그라시안(Gracian)이 포기하자 375년에 로마교회 감독이 바로 이 이름을 채용하여 쓰기를 시작했으며, 445년부터 로마 교황으로 정식으로 사용하기 시작하여 현재는 오로지 교황의 공식 칭호로만 사용하고 있다.

그리고 476년 서로마가 망하자 로마교회 감독은 황제의 이미지로 군림하여 정치와 종교의 실권을 장악하기 시작했다. 특별히 동로마 황제 저스티니안(Justinian, 527-565)이 로마교회 감독을 세계 교회의 머리가 되게 하는 결정적 역할을 했다. 즉, 저스티니안은 잃어버린 서로마의 통치권을 되찾고, 이전의 통일된 대제국을 재건하려는 목적으로 로마교회의 영향력을 이용하려 한 것이다. 그래서 저스티니안은 종교적 신조와 정치적 이해를 달리하는 세 개의 종족을 정복하게 된다. 493년에 헤룰리족을 정복하였고, 534년에는 반달족을 정복했으며, 538년에는 동고트족을 정복하였다. 그 과정 가운데 저스티니안은 533년에 로마교회의 감독을 '전 세계 교회의 머리'라고 선언하고, 534년에 그 사실을 로마법전에 수록하여 법제화를 하게 된다. 그리고는 서기 538년에 저스티니안 황제는 로마교회에 막강한 권세(종교, 정치, 군사권)를 주었다. 이로써 교황권이 세상을 지배할 수 있는 정치세력이 되었고, 실제로 그 권세를 실행하게 된 것이다.

뒤에서도 이 콘텐츠의 설명을 이어가겠지만 로마교회는 종교개혁 시기까지 위상에 대한 부침이 있었다. 종교개혁 이후에 교황청의 위상이 침체되었다가 근래에 다시 부상하고 있음은 주지의 사실이다. 현재에는 그 누구도 교황권에 맞설 자가 없음도 사실이다. 현재 가지고 있는 교황의 권한에 외교권과 경제권까지를 잡는다면 세계를 통제한다는 것은 그리 어려운 일이 아니다. 왜냐하면 그 어느 나라나 개인도 정치, 경제, 군사, 외교, 종교를 거머쥔 나라와 수장이 없기 때문이다. 그런데 어떻게 종교기관이 이미 종교권, 정치권, 군사권을 거머쥘 수가 있었을까? 그리고 이제 또 경제권과 외교권도 확보할 수 있을까?

그런데 이러한 것들이 과거를 발판으로 해서 현실로 진행이 되고 있다는 것이 말세지말 즉, 예수님의 재림의 시기가 가까이 와 있음을 알 수 있다는 것이다. 또 하나 짚고 가고 싶은 것은 서로마 제국이 분열 시 10개국이었는데 세 나라가 차례로 멸망(493년에 헤룰리족, 534년에 반달족, 538년에 동고트족)하는 것을 보면서 '세 왕을 복종시킬 것이며'(단 7:24)의 예언이 현실이 되었다는 것이다. 이것은 B.C.530년경에 써진 다니엘의 기록이 1,000년이 넘은 후에 역사적 사실로 이루어진 것이다.

> 그 열 뿔은 그 나라에서 일어날 열 왕이요 그 후에 또 하나가 일어나리니 그는 먼저 있던 자들과 다르고 또 세 왕을 복종시킬 것이며(단 7:24)

3) 하나님께 직접 대항

적그리스도의 잔인함과 교만함에 대해서는 다니엘의 예언 등 성경 곳곳에 나온다. 나는 그의 최고의 잔인함과 교만함은 자기가 하나님이라고 강조한다는 것이라고 생각한다. 그런 그의 잔혹함과 교만은 이미 다니엘에 의해 예언이 된 것이다. 다니엘 7:25절 중의 "그가 또 때와 법을 고치고자 할 것이며"라는 말씀은 마치도 자기가 하나님이라고 포장하기 위해서 하나님이 세워주신 때와 법을 고쳐버릴 것이라고 예언한 것이다.

적그리스도가 하는 일들 가운데 가장 파렴치하고 잔인한 것은 하나님께 직접 대항하는 것이다. 사실 적그리스도의 근본적인 목적은 자기가 하나님이어야 하기 때문에 하나님을 없애거나 사라지게 해야 하는 것이 맞다. 그러기에 하나님이 인간을 위해 세우시고 만들어주신 자연적 이치와 인간적 도리들을 바꾸고 자신이 세워서 인간들로 하여금 그 이치와 도리를 따르게 한다는 것이다. 다니엘은 그것을 '때와 법을 고치고자'라고 표현했다. 이것은 인간을 위해서 주신 말씀을 부인하고 바꾸어서 자기가 하나님이라는 것을 주장하며, 이를 믿지 않는 자들에게 한 때와 두 때와 반 때 즉, 3년 반 동안 온갖 핍박과 고통을 줄 것이라는 예언이 실행이 될 것이다.

여기서 하나 짚고 넘어가야 할 것이 있다. 여기 '한 때와 두 때와 반 때'라는 기간은 적그리스도 입장에서는 아무런 상관이 없다는 말이다. 다시 말해 그는 자신이 하나님으로서 영구적으로 세상을 지배하려고 하는 것이지 3년 반 동안만 지배하려고 등장하는 자로 생각하지 않는다는 것이다. 따라서 이 기간은 하나님의 인간을 위한 최종 구원의 프로그램 기간으로 그 날들을 감하지 아니하면 모든 육체가 구원을 얻지 못할 정도로(마 24:22) 적그리스도의 폭거가 난무하는 기간이라는 것이다.

그러면 '때와 법'을 고치는 과정을 한번 간단하게 하나씩만 살펴보자. 먼저 때이다.

  십계명 중에 제4계명은 "안식일을 기억하여 거룩하게 지키라"(출 20:8)이다. 안식일은 천지를 창조하시고 하나님이 쉬신 일곱째 날이다. 그런데 지금은 개신교이든 가톨릭이든 일요일을 주일로 정해서 예배하는 공통점을 가지고 있다. 그러나 그런 공통점이 이루어진 과정은 전혀 다르다.

  먼저 가톨릭이 예전에 토요일이었던 안식일을 일요일(주일)로 바꾼 과정을 Von Mosheim(폰 모스하임)이 쓴 「Ecclesiastical History」(교회사)의 내용을 중심으로 간단하게 살펴보자.

  로마제국의 콘스탄티누스 황제는 원래 태양신을 섬기던 이교도였다. 그런데 그리스도인들이 그를 많이 지지해 줌으로 인해서 그들을 자신의 정권을 안정시키기 위한 도구로 활용하였다. 즉, 콘스탄티누스 황제가 자신이 그리스도교로 개종하였고, 기독교회를 로마의 국교로 삼았던 것이다. 그러자 많은 정치인들과 이교도들이 황제를 따라 기독교회로 몰려들기 시작했다. 물론 그들의 개종은 진정한 그리스도인으로의 변화가 아니고 정치적 타협이라고 봐야 맞을 것이다. 그래서 개종한 황제는 이교도들의 반발을 막고, 조용히 같이 가는 것이 필요했기에 이교도의 풍습과 전통이라고 할 수 있는 우상을 신전에 세우고, 태양신에 예배드리는 날을 기독교회가 수용해 줄 것을 교황권에 요구하였다. 그러자 교황권의 지도자들은 황제의 환심을 사기 위하여 하나님께서 정해주신 예배의 시기(때)를 일요일로 변경하자는 황제의 요구를 수락하여 바꾼 것이다.

그러면 개신교가 일요일을 주일로 변경한 이유는 무엇일까? 간단하게 설명하면 다음과 같다.

안식일은 하나님께서 세상을 창조하시고 안식하시며 복을 주신 날(창 2:2-3)이며, 십계명에서 인식일을 거룩하게 지키라고 명하신 날(출 20:8-11)이고, 애굽 종살이로부터 해방을 기념하는 날(신 5:15)이었다. 그러나 예수님이 오시고 공생애 시작을 안식일에(눅 4:16) 하셨으며, 안식일에 사역을 끝내시기도 했다(눅 23:53-54). 그 전에 제자들이 안식일에 밀을 자르는 일로 인해 바리새인들이 안식일에 대해서 따지자 예수님은 당신이 안식일의 주인(막 2:27-28)이라고 말씀하셨다. 그 외에도 중요한 사역들이 안식일 중심으로 이루어졌는데 예수님이 죄악된 세상을 구원하시기 위해 돌아가셨다가 부활로 완성하신 날은 안식 후 첫날(마 28:1-10) 즉, 일요일(주일)이었다. 안식일의 주인인 예수님이 그 중요한 날을 주일로 옮겨주신 것이다. 예수님이 승천하시면서 약속하신 성령님의 강림도 주의 안식 후 첫날에 이루어졌다(행 2:1-4).

이렇게 안식일의 주인이 부활로 세상 구원의 방법을 완성하시고, 약속하신 성령님의 임재의 날도 안식 후 첫날 즉, 주일이기에 제자들은 부활하신 주님에 대한 감사와 헌신의 표시로 이날을 지켜온 것이다. 세상을 만드신 분도 예수님이시고, 안식일을 지정해

주신 분도 예수님이신데 그 예수님이 인간을 구원하시기 위해 죽으셨다가 부활하신 날을 안식일을 대신하여 정해주셨다면 그 주인의 뜻을 따라야 하는 것은 당연한 것이다.

다음으로 법을 바꾸는 과정을 간단하게 하나의 예를 조선일보에서 "[종교, 아 그래?] 개신교와 천주교, 십계명이 다르다?"라는 제목으로 기사화[12] 한 내용을 가지고 살펴보자.

> "…
> 이 긴 문장을 10개의 계명으로 분류한 것은 A.D.1세기경 유대인 필론[13]이었다. 이때 십계명엔 '우상 숭배 금지'가 두 번째 계명으로 포함됐다. 그런데 성 아우구스티누스를 비롯한 교부(敎父)들이 새로운 분류법을 제시했다. '우상 숭배 금지'는 '한 분이신 하느님을 흠숭하여라'라는 첫 번째 계명에 이미 포함된 내용으로 봤다. 하느님 공경과 우상 숭배는 본질적으로 양립할 수 없다고 본 것. 대신 '남의 아내와 재물을 탐내지 마라'는 열 번째 계명을 '남의 아내를 탐내지 마라'와 '남의 재물을 탐내지 마라'는 두 개로 나눠 각각 아홉 번째와 열 번째 계명으로 삼았다는 것. 천주교는 이후 아우구스티누스의 분류법[14]을 따르고 있다. …"

---

12) 조선일보, 2016. 01. 08, https://www.chosun.com/site/data/html_dir/201€/01/08/2016010800084.html.
13) 필론의 분류. (1) 너는 나 외에 다른 신을 두지 말라. (2) 너는 무슨 우상이든지 숭배하지 말라. (3) 하느님의 이름을 헛되이 부르지 말라. (4) 안식일을 거룩히 지켜라. (5) 네 부모를 공경하´-. (6) 살인하지 말라. (7) 간음하지 말라. (8) 도둑질을 하지 말라. (9) 네 이웃을 해하려고 거짓 증언을 말라. (10) 네 이웃의 집을 탐하지 말라.
14) 아우구스티누스의 분류. (1) 하나이신 하느님을 만유 위에 공경하여 높이라. (2) 하느님의 거룩하신 이름을 불러 거짓 맹세를 하지 말고, (3) 주일을 지키고, (4) 부모에게 효도하여 공경하고, (5) 사람을 죽이지 말고, (6) 사음(邪淫)을 행하지 말고, (7) 도둑질을 말고, (8) 거짓 증언을 말고, (9) 남을 아내를 원하지 말고, (10) 남의 재물을 탐하지 말라.

아우구스티누스가 분류한 십계명은 필론이 분류한 십계명을 기준으로 수정을 했다지만 결국 하나님께서 주신 십계명을 고쳤다는 것이다.

> 너를 위하여 새긴 우상을 만들지 말고 또 위로 하늘에 있는 것이나 아래로 땅에 있는 것이나 땅 아래 물 속에 있는 것의 어떤 형상도 만들지 말며, 그것들에게 절하지 말며, 그것들을 섬기지 말라. 나 네 하나님 여호와는 질투하는 하나님인즉 나를 미워하는 자의 죄를 갚되 아버지로부터 아들에게로 삼사 대까지 이르게 하거니와 나를 사랑하고 내 계명을 지키는 자에게는 천 대까지 은혜를 베푸느니라(출 20:4-6)

다시 말해 십계명 중 제2계명인 위의 말씀을 삭제하고 "네 이웃의 집을 탐내지 말라. 네 이웃의 아내나 그의 남종이나 그의 여종이나 그의 소나 그의 나귀나 무릇 네 이웃의 소유를 탐내지 말라"(출 20:17)라는 열 번째 계명을 '남의 아내를 탐내지 마라'와 '남의 재물을 탐내지 마라'는 두 개로 나눠 각각 아홉 번째와 열 번째 계명으로 삼았다는 것이다.

그런데 왜 제2계명을 삭제했을까?
제2계명에는 '우상'이라는 말이 나온다. 하나님 외의 신은 우상이기에 그 우상을 만들거나 섬기는 자들에게는 엄청 무거운 징벌을 내리실 거라고 말씀하신 내용이다. 따라서 교황은 자기는 우상이 아니고 오히려 하나님이라고 주장하기 위한 방안으로 그렇게 한 것이다.

이렇게 십계명의 제2계명을 삭제하고 열 번째 계명을 둘로 나누어서 제9계명과 제10계명으로 해서 십계명을 유지는 하게 한 것이다. 그런데 18세기 한 가톨릭 학자가 저술한 백과사전에 "교황은 하나님의 율법을 수정하는 권한이 있다."라고 기록했다는 공개적인 글이 다니엘 7:25절의 '그가 또 때와 법을 고치고자 할 것이며'의 말씀을 실제로 진행했다는 것을 증명해주고 있어 정말 섬뜩하다.

그런데 조선일보 기사 마지막 부분에 "이렇지 천주교와 개신교의 십계명이 미묘한 차이를 보이고 있지만 신학자들은 '어차피 분류 방법에 의한 차이일 뿐 큰 의미를 두지 말라'고 말한다."라고 했다고 기록했다. 그러나 이 정도면 차이가 아니라 완전히 다르다고 해야 한다. 어떤 신학자인지는 몰라도 이러한 하나님 말씀을 마음대로 고치고 첨삭하는 것에 대해서 문제없다는 식의 발언을 했다면 그는 하나님을 배제하고 교황을 인정하는 것이요 그를 따르겠다는 뉘앙스가 깔려있다고 봐야 한다. 그리고 그로부터 배운 자들의 생각도 같을 것이란 생각이 들어 정말 무섭다.

여기서 그동안 바티칸에서 공식적으로 발행된 문서나 책 속에 들어있는 문구 그리고 관련된 자들이 한 말들을 어느 블로거가 게재했는데 그 내용을 인용하여 간단하게 몇 개단 적어본다. 이런 내용을 근거로 해서 우리는 개신교와 가톨릭의 신앙적 색채가 많이 다름을 알 수 있다.

> 이전의 열 나라들은 모두 정치적 군주국가였으나 교황 로마는 종교적 군주국가라는 점에서 크게 다르다. 이전의 왕국들은 사람의 몸을 다스렸으나 교황은 사람의 영혼까지 다스렸다.
>
> 교황은 너무 존엄하고 높기 때문에 단지 인간이 아니라 하나님과 같은 존재로서 하나님의 대리자이다.
>
> 교황들은 이 지구상에서 전능한 하나님의 자리를 대신한다.
>
> 교황은 하늘의 왕, 지상의 왕, 연옥의 왕으로서 삼층 면류관을 쓴다.
>
> 교황은 단지 예수 그리스도의 대리자일 뿐만 아니라 그는 육신의 베일 속에 감추어진 예수 그리스도 자신이다.
>
> 우리(주: 교황들)는 이 땅에서 전능하신 하나님의 자리를 차지하고 있다.
>
> 교황은 너무나 위엄이 있고 지고하기 때문에 그는 단순한 사람이 아니라 하나님인 동시에 하나님의 대리자이시다. 교황은 지상의 하나님이시며, 왕 중의 왕이시고, 최고의 권세를 가지고 계시다.
>
> 교황은 그의 권세가 사람에게서가 아니라 하나님에게서 온 것이기 때문에 하나님의 율법을 수정할 수 있고, 땅 위의 대리자로서 그는 그의 양들을 매고 푸는 가장 큰 권세를 가지고 행동한다.

위 내용들을 보면 정말 무섭다. '사람의 영혼까지 다스린다', '인간이 아니라 하나님과 같은 존재', '육신의 베일 속에 감추어진 예수 그리스도', '이 땅에서 하나님의 자리 차지', '단순한 사람이 아니라 하나님', '지상의 하나님', '왕 중의 왕', '하나님의 율법을 수정할 수 있다' 등의 글만 읽어보면 마치도 하나님에 대한 설명 같다. 그런데 이 내용이 교황을 설명한 것이라니 섬뜩하지 아니한가?

또 하나 어떤 신부가 개신교(기독교)와 가톨릭의 기본 신앙관의 차이점을 기록했는데 한번 간단히 보아도 비교가 된다.

구분	개신교(기독교)	천주교
성경	1. 신약(27) 구약(39) 66권으로 되어 있다. 2. 성서가 신자들의 믿음과 생활의 유일한 지침(딤후 3:16-17; 요일 5:13; 신 12:32) 3. 신자들은 성령의 인도하심에 따라 성경을 자유롭게 읽고 해석(요 5:39; 14:26; 롬 15:4; 요일 2:27)	1. 신약(27), 구약(46) 총 73권으로 되어 있다. (구약에 도비아서, 유딧서, 마카비아상하, 지혜서, 집회서, 바룩서 7권 추가) 2. 성서와 교회의 유전이 신자들의 믿음과 생활 지침(교회유전-고회회의의 결정과 교황 선언) 3. 성서해석은 개인적으로 할 수 없으며, 교회의 판단에 따름(교회 안에서 교회를 통해 교회에 의해 해석)
구원	1. 예수 그리스도를 구주로 고백할 때 하나님께서 구원과 영생을 허락(롬 3:24; 5:1; 10:9-10; 엡 2:8-9), 믿음을 통하여 2. 그리스도의 역사하심과 하나님의 약속을 통해서 구원을 확신(요 3:16; 5:14; 행 2:21; 롬 5:18)	1. 믿음(신덕)과 선행을 통해서 얻을 수 있다. (믿음-성서와 천주교의 전통, 교리에 대한 믿음) 2. 구원의 확신을 알 수 없고, 천국에 이르기 위해 연옥에서 임시로 처벌받게 됨을 다행으로 생각한다.
죄	1. 원죄와 자범죄 2. 예수를 믿음으로 죄의 용서(요일 1:9; 2:2, 12; 사 1:18)를 받음	1. 죄는 대죄와 소죄로 구분 (*대죄-구원을 잃어버리는 큰 죄로 십계명 위반과 교만, 탐욕, 색욕, 분노, 대식, 질투, 나태 등 7가지 죽을 죄와 성범죄 및 미사 불참 등으로서 고해성사를 통하여 용서받을 수 있다. *소죄-영혼을 아프게 하는 작은 죄로 경솔한 언행이나 부주의한 기도태도 등이며 자기 회개만으로 용서 가능, 또는 교황의 면죄)

성례	1. 성례와 성찬 (*세례-그리스도를 통하여 베푸시는 구속의 은혜에 동참할 수 있는 표시이며, 주님의 사람이 되기로 약조함을 인치는 것 *성찬-주님을 기념하고 영적 양식을 공급받고 그리스도의 영적 임재를 상징하는 표징)	*성세, 견진, 고해, 성체, 종부, 신품, 혼배의 7성사 1. 성세-세례로서 사죄의 능력이 있다고 보아 사죄의 수단으로 베풀어진다. 2. 견진-성령과 칠은(슬기, 통달, 의견, 굳셈, 지식, 효성, 두려움)을 받는다 3. 고해-죄사함을 받는 수단 4. 성체-화체설로 빵과 포도주의 실체가 그리스도의 살과 피로 변화되고 사제가 하나님께 바치는 것은 바로 그리스도 자신임을 주장 5. 종부-임종을 앞둔 환자에 대한 성례 무의식의 환자라도 마지막 기름 바르는 성례인 이것을 받으면 대죄와 소죄가 소멸된다고 본다. 6. 신품-주교와 사제와 기타 성직자를 세우는 성례 7. 혼배-결혼도 성례의 하나로 본다.
교황	1. 완전한 사람은 하나도 없으며 그리스도만이 아무 흠 없는 그의 몸인 교회의 머리가 된다(엡 1:22; 골 1:18).	1. 그리스도의 대리자로서 교회의 최고통치자 2. 교황은 오류가 없다. 3. 마 16:19에 근거 면죄권이 있다.
사죄	1. 우리 죄를 용서하실 수 있는 분은 삼위일체 하나님뿐이다. 회개를 통한 사죄이다 (요일 1:9).	1. 대죄를 지으면 지옥에 떨어지는 형벌을 받게 되고, 소죄를 지으면 이 세상과 연옥에서 형벌을 받게 되는데 이것을 잠벌이라고 한다. 잠벌을 면하려면 생전에 그 보상으로 해야 하는데 이것을 보속이라고 하며,

> 보속은 금스, 자학, 성지순례, 선행, 기도 등으로 이루어지며, 고해성사 때 신부가 무엇으로 보속해야 할지 가르쳐 준다. 면죄란 대사라고 하며, 교황이 잠벌을 사면해 주는 것, 의미 대사에는 전대사와 한대사가 있으며, 전대사는 보속 또는 잠벌을 전부 없애주는 것이고, 한대사는 보속 또는 잠벌의 일부만 없애주는 대사이다.

● 번호나 문법적인 것은 교정하였음

그런데 여기서 중요한 것은 예수님은 천지를 창조하신 주인이시고 구원하실 구세주이시기에 이 세상의 그 어떤 것도 그분을 대신할 수 없다. 그리고 그분이 정하신 때와 법도 그 어떤 피조물이나 사탄조차도 바꿔치기를 한다거나 고치는 것은 전혀 불가능하며, 그렇게 한다는 것은 대역죄이다. 따라서 성경 말씀을 바꾸거나 없애는 것이 중대한 죄악이라면 그 말씀을 잘못 해석하거나 잘못 가르치는 것도 그에 못지 않은 죄라는 것을 결코 잊어서는 안 된다.

> 내가 이 두루마리의 예언의 말씀을 듣는 모든 사람에게 증언하노니 만일 누구든지 이것들 외에 더하면 하나님이 이 두루마리에 기록된 재앙들을 그에게 더하실 것이요 만일 누구든지 이 두루마리의 예언의 말씀에서 제하여 버리면 하나님이 이 두루마리에 기록된 생명나무와 및 거룩한 성에 참여함을 제하여 버리시리라(계 22:18-19)

2. 적그리스도에 대한 명칭

적그리스도는 예수님 재림에 앞서 필수불가결한 존재이다. 왜냐하면 적그리스도는 성경을 통해서 출현이 예언되어 있으며, 또 그 적그리스도를 통해 진짜와 가짜의 종교지도자(목회자 등)와 알곡과 쭉정이라는 성도와 비성도를 구별할 수 있는 최고의 방법 중의 하나이기 때문이다. 그럼 적그리스도를 성경에서는 뭐라고 표현했는지 간단하면서도 필요한 것이기에 몇 가지만 점검해 보기로 한다.

1) 열 뿔 달린 잔인한 짐승(단 7:7-8; 계 13:1-2)

물론 여기서 뿔이란 역사적 나라를 의미하며, 현재 실제 역사에도 상응한다고 본다. 앞에서 언급했지만 열 뿔이라 함은 서로마제국이 멸망하면서 분열된 10개국인 ① 알레마니족(독일), ② 프랑크족(프랑스), ③ 부르군트족(스위스), ④ 수에비족(포르투갈), ⑤ 서고트족(스페인), ⑥ 앵글로색슨족(영국), ⑦ 롬바르드족(-이태리) 그리고 ⑧ 반달족, ⑨ 동고트족, ⑩ 헤룰리족을 말한다. 그런데 뿌리채 뽑힌 세 뿔(⑧, ⑨, ⑩)이 있을 것이고, 그 뿔 사이에서 나온 작은 뿔 즉, 짐승이 바로 적그리스도라는 것이다. 그런데 용이 짐승에게 자기의 능력과 보좌와 권세를 주었다고 했는데(계 13:2) 이 용은 바로 사탄을 말한다. 결국 적그리스도는 사탄의 하수인으로 재림하시는 예수님과 맞서 싸우게 되는 사탄 세력의 리더인 것이다. 그의 잔인함은 '쇠로 된 큰 이'와 '이전의 모든 짐승과 다르고'에 내용이 들어 있다.

2) 불법의 사람, 멸망의 아들(살후 2:3)

불법의 사람이란 최고조의 악의 사람이며, 어떤 단체나 조직이나 제도를 말하는 것이 아닌 사람을 의미하고, 하나님을 정면 대적하므로 멸망으로 들어갈 자를 말한다.

3) 하나님과 예수님을 부인하는 자(요일 2:22)

위에서 바티칸에서 공식적으로 발행된 문서나 책 속에 들어있는 문구 그리고 관련된 자들이 한 말들과 개신교(기독교)와 가톨릭에서 보는 성경관이나 신앙관의 차이점을 간단하게 살펴보았지만 기독교의 관점과 많이 다르다. 하나의 예를 보면 "개신교에서는 마리아는 인간의 몸을 입고 온 예수를 낳았을 뿐 마리아는 평범한 인간으로 특별한 의미를 두지 않는다. 그러나 가톨릭에서는 '여인들 중 가장 복되신 분', '원죄 없이 잉태되신 복되신 동정 마리아', '하느님의 어머니'라는 표현을 사용하며 크게 공경한다.[15]"는 표현의 한 문장으로도 하나님과 예수님이 동시에 부정이 되고 있다.

4) 짐승(계 13:2)

여기 짐승이라고 표현이 되었는데 일반적인 짐승과 다르게 용에게 능력과 보좌와 큰 권세를 받았다고 했다. 그런데 용이란 사탄을 의미하기에 여기의 짐승은 일반적인 짐승이 아닌 적그리스도를 말하는 것이다. 이 짐승은 이미 다니엘이 말한 것처럼 그 무서움이란 이전의 모든 짐승과 다르다(단 7:19)고 했다.

---

15) https://awiki.theseed.io/w/성모%20마리아.

3. 적그리스도의 출현 과정

구약에서부터 적그리스도의 출현은 예언이 되었고, 그 적그리스도가 출현해야 예수님의 재림이 있게 된다는 것은 하나님께서 신구약을 통해서 알려주셨다. 하나님의 구원의 프로그램은 인간의 역사적 사실과 전혀 무관하지 않으며, 그렇다고 성경의 기록들이 인간의 역사에만 한정이 되지 않았다는 것을 이해해야 한다고도 이미 말했다. 다시 말해 하나님은 구원의 프로그램을 인간의 역사에 교훈과 깨달음을 주시려고 적용도 하시고, 그 역사적 사실을 구원의 프로그램에 적용을 해야 함을 가르쳐 주셨다는 것이다. 그럼 여기서 흔히 알 수 있는 적그리스도에 대한 명칭을 앞에서 살펴보았지만 간단하게 재점검하고, 성경에 나오는 적그리스도의 출현 과정 두 군데를 통해서 역사와 한번 비교해 보기로 한다.

1) 죽게 되었다가 다시 살아난 짐승(계 13:1-10)

그러면 예수님을 대적할 적그리스도의 재생(再生)과 재활(再活)을 아는 것도 중요하다. 왜냐하면 성경에서는 적그리스도의 잔인함과 교묘함으로 수많은 사람들이 새 하늘과 새 땅으로 가는 길을 차단하는 무서운 존재라는 것을 보여주기 때문이다.

> 용이 짐승에게 권세를 주므로 용에게 경배하며 짐승에게 경배하여 이르되 누가 이 짐승과 같으냐. 누가 능히 이와 더불어 싸우리요 하더라. 또

> 짐승이 과장되고 신성 모독을 말하는 입을 받고 또 마흔두 달 동안 일할 권세를 받으니라. 짐승이 입을 벌려 하나님을 향하여 비방하되 그의 이름과 그의 장막 곧 하늘에 사는 자들을 비방하더라(계 13:4-6)

여기 '용'은 사탄을 의미하며, '짐승'은 적그리스도를 말한다고 앞에서도 말했었다. 그런데 온 땅이 짐승의 권세와 파괴력에 놀라서 용에게 경배하고 짐승에게 경배하면서 "누가 이 짐승과 같으냐. 누가 능히 이와 더불어 싸우리요"(계 13:4)라고 말을 했다. 이렇게 말을 할 정도면 말세에 벌어질 환난의 정도가 정말 상상을 넘어설 정도로 무섭다는 것을 보여주는 말이다.

그러니까 정말 무서운 것은 그 적그리스도가 모든 권세를 준 용(사탄)에게 보이는 충성의 대가로 '온 땅이 놀랍게 여겨 짐승을 따르고'(계 13:3), '이 땅에 사는 자들은 다 그 짐승에게 경배하리라'(계 13:8)는 결과를 만들어 내서 무저갱에 들어갈 자들을 양산하고, 새 하늘과 새 땅에 들어갈 성도들을 막아내기 위해서 괴롭힌다는 것이다. 하나님은 요한을 통해 이렇게 '짐승을 따르고 경배하는' 어린양의 생명책에 이름이 기록되지 않은 자들에게는 경고를, 기록되어 있는 성도들에게는 위로와 격려의 말씀을 "누구든지 귀가 있거든 들을지어다."(계 13:9)로 하신 것이다. 한발 더 나아가 성도들에게 미칠 환난과 핍박을 말씀해 주셨는데 이 말씀이 성도로서 '새 하늘과 새 땅'에 들어가는 분명한 길임을 말씀해 주셨다는 것이다.

> 사로잡힐 자는 사로잡혀 갈 것이요 칼에 죽을 자는 마땅히 칼에 죽을 것이니 성도들의 인내와 믿음이 여기 있느니라(계 13:10)

그런데 이러한 일들이 벌어지는 기간이 앞에서도 살펴보았지만 "그가 장차 많은 사람들과 더불어 한 이레 동안의 언약을 굳게 맺고 그가 그 이레의 절반…"(단 9:27) 즉, 7년 대환난 기간 중 후 3년 반 동안이 최후의 최악적 핍박의 기간이라는 것이다. 그렇다고 7년 환난 기간 중 전반기나 그 전의 준비되는 기간에는 평온(平穩)이 유지되리라는 것은 아니다. 분명 우리 인간의 상식이나 관례(慣例)하고는 다른 일들이 벌어질 것이다. 그럼 여기서 이렇게 많은 사람들을 굴복시키며 성도들을 핍박하는 적그리스도는 누구일까?

> 내가 본 짐승은 표범과 비슷하고 그 발은 곰의 발 같고 그 입은 사자의 입 같은데 용이 자기의 능력과 보좌와 큰 권세를 그에게 주었더라. 그의 머리 하나가 상하여 죽게 된 것 같더니 그 죽게 되었던 상처가 나으매 온 땅이 놀랍게 여겨 짐승을 따르고(계 13:2-3)

요한계시록 13:3절을 보면 적그리스도의 정체를 밝히 보여주고 있다. 여기 3절을 보면 "그의 머리 하나가 상하여 죽게 된 것 같더니 그 죽게 되었던 상처가 나으매"라고 했다. 물론 이 내용을 다른 각도로 조금 언급을 했었지만 다시 한번 거론을 해서 재확인하는 것이 필요하겠다.

(1) 머리로서의 부상

앞에서도 설명을 했지만 교황권의 급부상은 A.D.476년 서로마가 망하자 로마교회 감독이 황제로 군림하기 위하여 정치와 종교의 실권을 장악하려고 로마교회의 영향력을 활용하려고 한 데에서 시작되었다. 즉, 동로마 황제 저스티니안이 로마교회 감독을 세계 교회의 머리가 되게 하는 결정적 역할을 한 것인데 그는 분열된 10개국 중에서 493년에 헤룰리족을 정복하였고, 534년에는 반달족을 정복했으며, 538년에는 동고트족을 정복하였다. 그리고는 서기 538년에 로마 교회에 막강한 권세(종교, 정치, 군사권)를 부여했다. 이로써 교황이 머리로서의 급부상을 하게 되는 단초가 된 것이다.

(2) 머리로서의 자리 잡음

이렇게 막강한 권세를 받아서 우여곡절을 겪으면서도 머리로서의 행세를 누릴 수 있게 되었다. 머리로서의 행세는 교황이라는 이름을 가지게 되는데 이렇게 되기까지는 중요한 정치적 변화가 이유로 등장한다. 즉, 게르만 민족과 노르만의 이동으로 서로마가 멸망하게 되는데 서로마의 멸망은 로마교회의 권위에 중요한 변화를 가져다준 것이다. 이제 로마교회는 국가의 간섭을 받지 않아도 된 것이다. 그 뒤로 로마교회는 여러모로 우위성을 보여주면서 교황이 권력의 중심으로 급부상하였고, 교회의 영역까지를 넘는 기능을 발휘하기 시작했다. 최초로 교황 칭호를 받은(590년) 그레고리오 1세(재위 590-604)는 교회 행정 개혁을 강력하게 추진하였는데 비잔티움(지금의 이스탄불)에 잠시 머물면서 그곳 사정에 좀 익숙했기에 당시 동로마 제국의 지배하에 있던 교권을 독립시키면서 교황권을 좀더 확실하게 했다.

그 뒤에 피핀이 메로빙조 왕을 폐하고 쿠테타를 일으켰지만 대주교 보니파키우스를 통해 도유식(塗油式)[16]을 거쳐 왕위에 오름으로써 쿠테타가 신의 은총으로 바뀌었다. 이렇게 피핀(A.D. 751-768)은 신의 뜻에 따라 왕이 되었기에 피핀의 권위는 신성한 것이 되었으며, 기독교 왕으로서 교회와 신앙을 보호할 의무를 가지게 되었다. 이 계기를 통해 피핀은 교황이 원하는 교회의 수호자로서의 역할을 감당해야 했다. 그러한 도움에 대한 보답으로 교황은 나중에 피핀과 그의 두 아들에게도 도유식을 베풀었는데 교황으로부터 받는 도유식의 다른 격으로 피핀은 이제 기독교 세계에서 위상을 높였을 뿐만 아니라 그의 가문 카롤링거 왕조는 신성한 왕의 가문이 되었다. 이러한 관계로 피핀은 754년에 교황을 수행하면서 군대를 끌고 이탈리아까지 내려와 롬바르드족을 격퇴하기도 하였다. 그러나 그 뒤에 롬바르드족이 전쟁을 일으켰으며, 교황의 도움

---

16) 병을 낫게 하고 악마를 쫓기 위하여 신성한 힘을 불어넣는다는 상징적인 뜻으로 몸에 기름을 바르는 종교적인 의식

요청으로 755년에 피핀은 군대를 끌고 다시 알프스를 넘어 롬바르드족을 격퇴하였고 그 빼앗은 영토를 교황에게 주었다.

(3) 머리로서의 성쇠(盛衰)

이렇게 머리로서의 위치를 확보해가는 비슷한 시기(7세기)에 사우디 메카에서는 모하메트(570-632)가 신구약 성경을 연구해서 '코란'이라는 해석서를 만들고 이슬람교를 창설했다. 그는 610년경부터 신의 계시를 받았다 하여 귀의(歸依)를 설법하다가 622년 메디나로 쫓겨난다. 그 후에 아라비아 반도를 통일하고, 이슬람 국가의 터전을 구축하기도 했다. 그 후에 시리아, 메소포타미아, 이집트(633-643) 등의 나라들이 정복되었고, 637년에는 예루살렘은 이미 이슬람 영이 되었으며, 아프리카 북부(669-798)와 스페인(711-719)이 정복되어 서유럽 기독교 세계가 위기를 맞게 된다. 1010년에는 이슬람 세력의 군주 하킴(Hakim)이 예루살렘에 있는 예수님의 무덤을 파괴하였으며, 1048년 이후에는 셀주크 왕조가 동로마 제국의 소아시아 국경을 압박하였다. 그 후에 셀주크(터키)족이 1070-71년에는 지중해 동해안까지 진출하여 팔레스타나 성지를 점령하고 순례자들을 박해하기도 했다.

거기에다가 이슬람이 비잔티움의 수도인 콘스탄티노플을 위협하자 두려움을 느낀 비잔티움 제국의 황제는 로마 교황청에 도움을 부탁했다. 이 당시 교황은 우르바누스 2세로 그는 이번 기회를 통해 황제 위에 완전히 군림하려는 의도와 재산 증식의 기회로 삼고자 하였고, 또 하나 이슬람에게 점령된 예루살렘과 성지 탈환을 목적으로 십자군을 창설하였다. 참여군인들의 가슴과 어깨에 십자가를 표시하여 십자군이라 칭하였으며, 교황은 참전 용사들에게는 신의 일을 하다 살해당한다면 자동으로 죄를 면제받는다고 선언하고, 신의 구원을 약속하여 가톨릭 신자들의 참전을 독려하였다.

> 크리스트교의 성지 예루살렘을 다른 종교를 믿는 사람들에게 내주는 것은 부끄러운 일입니다. 우리는 반드시 성지를 되찾아야 합니다. 혹시 이 전쟁에서 목숨을 잃는다면 틀림없이 천국에서 보상받을 것입니다.[17]

이렇게 해서 십자군 전쟁이 모두 1차(1096-1099), 2차(1147-1148), 3차(1189-1192), 4차(1202-1204), 5차(1218-1221), 6차(1228-1229), 7차(1248-1254), 8차(1270)로 여덟 차례 약 200여 년에 걸쳐 진행되는데 1차 때의 작은 성공을 빼고는 모두 실패하게 된다. 이 십자군 전쟁의 여파로 각국의 왕권은 강화되고, 무역의 활성화는 이루어졌지만 십자군 전쟁을 주도한 교황권은 몰락의 길로 접어들었으며, 교회의 권위도 떨어지게 되었다.

(4) 머리에서 추락

십자군 전쟁을 통하여 교황권이 예전 같지는 않았지만 교황은 가톨릭의 수장이기도 하고 교황령 국가의 세속 군주이기도 했다.

---

17) https://terms.naver.com/entry.naver?docId=3546891&cid=58584&categoryId=58596, 2021년 10월 30일 접속.

성직자 과세 문제가 발생하자 교황 보니파키우스 8세와 프랑스 왕 필립 4세가 싸웠는데 교황이 패하였고, 보니파키우스는 사망하게 된다. 이후 프랑스인이 교황이 되자 교황청을 프랑스의 아비뇽에 두어 프랑스 왕의 통제하에 있게 되는데 이것을 아비뇽 유수(1309-1377년)라고 한다. 그럼에도 불구하고 세속국가의 하나로 투쟁도 하고, 명목을 유지해 오다가 16세기 말에서 17세기 초에 교황청을 따르던 여러 나라들을 통합하여 중앙집권을 이룬다.

그렇게 18세기 후반까지 계속 이어지다가 1789년 7월 14일부터 1794년 7월 28일에 걸쳐 프랑스의 시민혁명이 일어나는데 교황청이 이를 맹렬히 반대하자 1798년 2월 10일에 프랑스의 버티어 장군이 군대를 이끌고 로마 교황청으로 쳐들어가서 교황 피우스 6세를 그의 권좌로부터 끌어내리고, 교황령을 최초로 폐지한다. 교황 피우스 6세는 말할 수 없는 수모를 겪으며 로마로부터 프랑스의 감옥으로 압송되어 투옥된다. 그러나 감옥 속에서 병으로 옥사하게 된다. 이렇게 교황령이 폐지되고 교황권의 모든 재산이 압류된 그 해가 바로 1798년인 것이다. 이후 나폴레옹이 몰락한 1815년에 그레이트브리튼 아일랜드 연합왕국, 프로이센 왕국, 오스트리아 제국, 러시아 제국 등이 빈 회의를 통해서 교황령을 부활시켰지만 이렇게 교황령이 1798년에 폐지되었다는 것은 538년 교황권이 확보된 이후 1,260년이라는 시간적 수치를 보여주는데 이것 또한 우연일까 하는 생각이 우리를 놀라게 한다.

2) 전에 있었다가 지금 없어진 짐승(계 17:8-14)

앞에서 십자군 전쟁에 대해서 아주 간단하게 생각해 보았는데 다른 것보다 주목할 것은 그 많은 군대를 동원할 수 있는 자가 누구인가를 보여주었다는 것이다. 그리고 그 힘들고 어려운 전쟁을 한 번도 아니고 8번이나 그리고 1-2년도 아니고 200여 년 동안이나 군대를 조직하고 참여하도록 이끌고 조정할 수 있는 자가 누구인가를 보았다.

> 또 일곱 왕이라. 다섯은 망하였고, 하나는 있고 다른 하나는 아직 이르지 아니하였으나 이르면 반드시 잠시 동안 머무르리라. 전에 있었다가 지금 없어진 짐승은 여덟째 왕이니 일곱 중에 속한 자라. 그가 멸망으로 들어가리라. 네가 보던 열 뿔은 열 왕이니 아직 나라를 얻지 못하였으나 다만 짐승과 더불어 임금처럼 한동안 권세를 받으리라(계 17:10-12)

그러나 그 십자군 전쟁 후 로마 교황들은 영토 없이 바티칸의 성 베드로 대성당과 그 주변의 좁은 공간 안에 사실상 갇혀 지내며 바티칸의 포로와 같은 삶을 살아왔다. 그러나 꾸준히 세력을 확장해 왔는데 1859년에는 교황이 이탈리아 중앙부를 중심으로 1만 8,000㎢에 달하는 지역과 300만 명 이상의 주민을 통치하기까지 했다. 그런데 1859년 이탈리아 통일전쟁을 일으킨 빅토르 엠마누엘(Victor Emanuel)이 1870년 교황의 군대를 격파하고 로마시를 점령함으로써 교황의 세속적 권력 행사는 종지부를 찍게 되었다.[18] 그 이유는 이탈리아 정부는 교황청에 바티칸 및 라테란 궁전의 점유를 인정해줄 테니 정부에 매년 32만 5천 리라를 지불할 것을 요구했지만(당시 교황은 파우스 9세) 교황청 측에서 이를 거절했기 때문이다.

(1) 죽게 된 상처의 회복

이탈리아 정부의 교황청에 대한 요구를 교황청이 거절한 이유가 있었다. 그것은 가톨릭교회가 어느 특정 정치 권력의 영향을 받으면 속국이 될 수 있다는 우려가 그 이유였다. 결국 이를 근거로 교황청은 이탈리아 정부와의 관계가 단절되었고, 이후에 교황은 바티칸이나 로마 시내의 한정된 구역 이외에는 나가지도 나갈 수도 없게 된 것이다.

> 그의 머리 하나가 상하여 죽게 된 것 같더니 그 죽게 되었던 상처가 나으매 온 땅이 놀랍게 여겨 짐승을 따르고(계 13:3)

이러한 교황청의 부침(浮沈)을 통하여서 '머리 하나가 상하여 죽은 것' 같았는데 '죽게 되었던 상처가 나으매'라고 하여 이제 '부(浮)' 즉, 부상하여 세상이 그를 따른다는 것이다. 당시 이탈리아의 정치적 요동 속에 교황청은 정치적인 폭력행사를 규탄하면서, 정치적인 분쟁에 휘말리지 않으면서 교회에 순응하는 가톨릭 활동 단체에게 완전한 자유를 보장해 주고, 정부에 협조를 요구하기도 했다.

---

18) 한국민족문화대백과사전.

이렇게 파시즘 정부는 바티칸(교황청)에서 실행하는 정책에 호감을 보이면서 로마 문제를 해결하기 위해 협상을 진행해 나갔다.

결국 교황측 대표들과 정부측 대표로 나온 무솔리니가 1929년 2월 11일에 라테란 궁전에서 27조항으로 된 협정(Trattato)과 45조항으로 된 정교 협약(Concordato)을 체결하였다. 이로써 60년간 바티칸 교회 당국과 퀴리날레(Quirinale) 이탈리아 정부 간의 분쟁은 종지부를 찍게 된다. 이것이 '라떼란 조약'[19]이다. 이 조약의 내용을 몇 개만 보면 다음과 같다.

이탈리아 정부가 가톨릭교회를 국가의 유일한 종교로 인정했던 1848년 알베르티노(Albertino) 헌법의 원칙을 재확인(1조), 종교적인 성격면에서 국제적 분야에 있어서의 교황청의 지상권[20](至上權)을 인정(2조), 바티칸 시국(市國)의 합법화와 본질적인 중립성을 확인(3~8조, 26조), 교황청에 예속된 기타 부동산에 대한 치외 법권과 특전 부여(13-16조), 교황의 원수로서 불가침성을 승인(9조), 교회의 최고 지휘권에 예속되어 있는 기구와 인물에 대한 법적 특권 재가(9~11조, 17조), 교황청의 외교 사절의 파견과 영입에 대한 자유로운 외교 활동을 보장(12조, 19조) 등의 다양한 내용이다. 결국 이러한 내용들은 바티칸의 독립과 교황령 재산 문제에 관한 것이 이 조약의 골자이다.

---

19) (1) https://terms.naver.com/entry.naver?docId=1007750&cid=62115&categoryId=62115.
    (2) https://ko.wikipedia.org/wiki/%EB%9D%BC%ED%85%8C%EB%9D%BC%EB%85%B8_%EC%A1%B0%EC %95%BD.
20) 내용(內容)으로 보아 더할 수 없이 높은 권리(權利), 더할 나위 없이 으뜸가는 권리.

결국 정부 차원에서는 교회의 전통적인 권위와 광범위한 조직을 통해서 대내외적으로 가톨릭 대중 속에서의 찬동과 지지를 얻으면서 국제적 외교면과 식민지 확장에 있어서 무솔리니 정부의 강화와 이탈리아라는 나라의 위신을 확보하기 위해 교황청의 협력을 구하는데 있었다. 그리고 이 조약이 정치적 화해 조약으로 우선 가톨릭교회가 국가의 유일한 종교가 된다고 명시한 것과 교황청과 이탈리아 국가의 상호 승인과 바티칸 시국(市國)에 대한 교황청의 배타적 지배를 확인한 것을 눈여겨 보아야 할 것이다.

결론적으로 세계에서 가장 작은 국가 중의 하나로 등장한 바티칸 도시국가는 전 세계 가톨릭교회의 심장부가 되었다. 그리고 오늘날 세계에서 가장 많은 나라와 공식 외교 관계를 맺고 있고, 국제무대에서 막대한 영향력을 행사하는 엄연한 독립 주권 국가이다. A.D.538년에 저스티니안 로마 황제가 교황에게 종교, 정치, 군사권을 허락한 뒤로 교황청의 권세가 십자군 전쟁을 주도할 정도로 유럽 전체를 호령하기도 했다. 그리고 아비뇽 유수를 겪기도 하는 부침을 거쳐 지금은 교황이 군주로서 군림하는 세계에서 가장 작은 독립국가가 된 것이다.

바티칸은 성 베드로 대성당, 성 베드로 광장 그리고 교황이 거처하는 곳과 교황청사무실이 있는 궁전 등으로 이루어져 있다. 면적은 0.44㎢(여의도의 1/6 정도), 인구는 약 800여 명(2020년 기준 UN 인구조사 예측)이고, 수도는 바티칸(Vatican City)이다. 인구의 85% 이상이 이탈리아인이며, 라틴어가 제1공용어이지만 이탈리아어도 공용어로 사용되고 있고, 프랑스어와 영어도 사용된다. 종교는 100% 로마 가톨릭교이다. 그리고 현재 전 세계 180여 국가(2020년 현재)와 대사를 교환하고 있는 정식국가로 이 세상 어떤 종교 단체도 교황청처럼 교회(종교) 자체가 국가로 존재하는 형태는 없다.

(2) 일곱째 나라와 여덟째 왕

요한계시록 17:10-11절을 보면 "일곱 왕이라 다섯은 망하였고 하나는 있고 다른 하나는 아직 이르지 아니하였으나 이르면 반드시 잠시 동안 머무르리라. 전에 있었다가 지금 없어진 짐승은 여덟째 왕이니 일곱 중에 속한 자라."라고 했다. 여기에 특이하게도 일곱 왕이 나오고, 여덟째 왕이 나온다. 그리고 망하고 지금은 존재하고 나중에 나타날 나라도 말하고 있다.

일곱 나라 중에 '다섯은 망하였고'라고 했는데 이 다섯은 '애굽', '앗수르', '바벨론', '메대·파사', '헬라'를 말하는 것이고, '하나는 있고'라는 지금 존재하는 나라는 '로마'(사도 요한 당시)를 말한다고 할 수 있다. 그리고 '다른 하나는 아직 이르지 아니하였으나'라고 말한 나라인데 당연히 사도 요한 당시에는 전혀 알지 못하는 나라였기에 그렇게 표현했을 것인데 나중의 문장과 연결해서 생각해 보면 요한 당시 아직 이르지 아니한 나라는 신성로마제국이라고 보인다. 따라서 요한이 요한계시록을 쓸 때의 일곱 나라들을 보면 '① 애굽 - ② 앗수르 - ③ 바벨론- ④ 메대·파사 - ⑤ 헬라 - ⑥ 로마 - ⑦ 신성 로마'로 생각해 볼 수 있다.

그럼 여덟째 왕은 누구일까? 역시 사도 요한은 자기가 경험하거나 보지 못한 나라인데 그의 표현은 '전에 있었다가 지금 없어진'이라고 표현을 했다. 더 중요한 것은 여덟째 왕이 바로 그 일곱 나라였던 곳에서 나온다는 것인데 위에 나열한 일곱 나라들의 수장 중의 하나가 여덟째 왕이 된다는 것이다. 그런데 이 여덟째 왕의 특징은 '전에 있었다가 지금 없어진 짐승'인데 이 짐승이 다시 부각하여 여덟째 왕이 된다는 것이다.

그런데 요한은 요한계시록 13:3-4절에서 이 짐승에 대해서 이미 말해 주었다. 이 짐승은 "머리 하나가 상하여 죽게 된 것 같더니 그 죽게 되었던 상처가 나으매"(계 13:3)라고 했는데 앞에서 우리는 교황의 부침(浮沈) 상황을 대략적으로 확인했다. 그런데 요한계시록에서의 적그리스도의 상황을 부침의 단계에서 보면 침(沈)의 단계인 '머리 하나가 상하여 죽게 된 것 같더니'에서 부(浮)의 단계인 '죽게 되었던 상처가 나으매'라고 하여 최종적으로 부상(浮上)하게 된다는 것이다.

이것을 본 온 땅이 놀라서 짐승을 따르게 되고(계 13:4), 용(사탄)

이 짐승에게 권세까지 줌으로 인해서 이 짐승이 신성 모독을 하고 온갖 핍박을 저지르니 이 땅에 사는 자들은 다 그 짐승에게 경배(계 13:4-8)하는 상황이 벌어지게 된다. 이 짐승이 바로 전에 있었다가 지금 없어진 짐승이었다가 다시 부상하여 여덟째 왕 즉, 적그리스도가 된다는 것이다.

> 그들이 한 뜻을 가지고 자기의 능력과 권세를 짐승에게 주더라 (계 17:13)

이 말씀 중에 '그들'이라는 말이 나오는데 그들은 12절의 '열 뿔은 열 왕'을 말하며, 이들은 왕의 권세를 가진 적그리스도에게 적극적으로 동조할 정치세력들을 말한다. 이 정치세력들이 뜻을 모아 자기들이 가지고 있는 능력과 권세를 짐승에게 주었다고 했다. 그래서 이 짐승이 여덟째 왕으로 등극하게 된다는 것이다. 다시 정리를 해 보면 사도 요한은 이 적그리스도의 상황에 대해서 '죽게 되었던 상처가 나았고'(계 13:3)라고 하였고, 그의 권위에 대해서는 '권세를 받아 성도들과 싸워 이기게 되고 각 족속과 백성과 방언과 나라를 다스리는 권세를 받았다'(계 13:7)고 표현하고 있다. 그리고 이 적그리스도에 대한 사람들의 반응에 대해서는 '온 땅이 놀랍게 여겨 짐승을 따르고'(계13:3)라고 하였고, '이 땅에 사는 자들은 다 그 짐승에게 경배하게 될 것'(계 13:8)이라고 예언해 주고 있는 것이다.

4. 현재와 종교개혁가들이 본 적그리스도

언젠가 우연하게 본 기사를 보고 놀랐다. 제262대 교황(재위기간: 1963. 6. 21-1978. 8. 6) 바오르 6세의 대관식 때 교황청의 성무성성(현재 신앙교리성) 장관으로 재직 중이던 오트비아니 추기경이 교황의 머리에 3층관을 얹으면서 한 기도 내용이다. "세 관으로 꾸며진 이 삼층관을 받으소서. 당신은 군주들과 제왕들의 아버지이며, 세계의 주교요 구세주 예수 그리스도의 지상 대리자임을 생각하소서. 주의 명예와 영광이 영원하실지어다."라고 하여 교황을 아예 '예수 그리스도의 지상 대리자'라고 확정해 버린 듯하다. 그렇다면 세계 정치적인 움직임이 교황과의 어떤 관계를 맺고 있는지를 간단하게 살펴보기로 한다.

1) 세계 머리로 부상

요한 바오로 2세가 1979년에 미국을 방문했는데 그때의 한 언론이 이런 기사를 썼다.

> 교황이 미국을 방문한다는 것은 상상할 수도 없는 일이다. 그러나 … 이제 역사상 최초의 폴란드 교황 바오로 2세가 그의 놀라운 선거를 치룬지 1년 후에 온 세계의 하늘에 빛나는 별로서 만 7일간을 우리와 함께 지내겠다는 약속 아래 우리 미국에 오게 되었다. 정치가들은 앞을 다투어 그를 맞을 준비를 하고 있다. 6개 도시의 시장들은 그들의 업무를 실

제적으로 중단하고 교황을 맞이할 행사를 열렬하게 준비하고 있다.[21]

그리고 2008년 4월 15일에 교황 베네딕트 16세가 워싱턴을 방문했을 때 "조지 부시 대통령의 공항 영접부터 교황의 일거수일투족을 연일 1면 머리기사와 사진, 생방송으로 전달하고 있다. 16일 부시 대통령 부부가 백악관에서 연 환영 행사에는 1만여 명이 참석했다. 부시 임기 동안 워싱턴에서 열린 집회 가운데 최대 규모다. 81살 생일을 맞은 교황을 위한 백악관 만찬도 성대하게 거행됐다. 백악관 방문을 마친 교황이 차량 행진을 벌이며 길가 시민들에게 손을 흔들어 축복을 기원하는 모습도 미국 전역에 생생하게 전달됐다. 미국 방송들은 17일 교황이 워싱턴 시내 내셔널 파크 야구장에서 집전하는 군중 미사를 생중계할 예정이다. 18일 유엔총회 연설이나 20일 양키 스타디움 군중 미사도 예외는 아니다. 미국 언론들은 교황 방문 일주일 전부터 관련 칼럼들을 싣거나 특집기사를 내보내는 등 요란한 반응을 보여왔다."[22]고 한겨레 특파원이 보도했다.

미국의 역대 대통령 중 세계 1차 대전 직후인 1919년에 우드로 윌슨 대통령이 바티칸을 찾아 당시 교황인 베네딕토 15세를 만난 후 미국 대통령과 교황과의 교류는 계속되고 있다. 가장 최근에는 2021년 10월 29일 바이든 대통령이 바티칸을 방문해서 프란치스코 교황을 만났는데 특별히 독실한 가톨릭 신자인 바이든이 교

---

21) 워싱턴 스타지, 1979년 9월 18일.
22) https://blog.naver.com/goldhub/120050508084.

황을 만난 것은 2016년 오바마 정권의 부통령으로 재직했을 시 3번째 방문에 이어 이번이 4번째이다.[23] 더 놀라운 것은 이 사실을 기사화 해서 전달한 기자의 언어라는 것이다. 우리나라 연합뉴스에서는 "독실한 가톨릭 신자인 조 바이든 미국 대통령이 29일(현지시간) 프란치스코 교황을 알현했다."[24]라고 보도했다. 같은 날 (2021. 10.30) NEWSIS, SBS, YTN 등 주요 방송에서도 미국 바이든 대통령이 교황을 알현(謁見)했다고 보도했다.

그리고 아시아경제 신문을 보면 "문 대통령이 '3년 만에 다시 만나게 되어 기쁘다'고 말하자 프란치스코 교황은 매우 친근한 화법으로 '언제든지 다시 오라'고 답했다. 문 대통령은 2018년 10월에도 교황을 알현한 바 있다."[25]라고 어느 기자도 문 대통령이 교황을 알현했다고 기사를 썼다. 더 나아가 그 전에 "버락 오바마 미 대통령은 27일 바티칸으로 로마 가톨릭의 프란치스코 교황을 예방, 나란히 앉은 자리에서 교황을 '몹시 숭배하는 사람'이라고 자신을 소개했다."[26]라고 뉴시스에서 보도하기도 했다.

이러한 상황이 우리나라 대통령이나 미국 대통령에 국한된 것이 아니다. 세계 각국의 수장들도 같은 상황이며, 교황과의 교류가 세계 각국의 주요 이슈 중의 하나인 것이다. 어느 나라 그 누구든 수반(首班)의 자리에 오르면 기사 내용들처럼 교황을 알현(謁見)의 수준으로 찾아가고, 초대하고를 하는 것을 본다. 물론 정치적인 내막도

---

23) https://www.news1.kr/articles/?4477396.
24) https://www.yna.co.kr/view/AKR20211029169051109?input=1195m.
25) https://view.asiae.co.kr/article/2021103007465502813.
26) https://newsis.com/view/?id=NISX20140327_0012816717.

있겠지만 현재 세계 180여 국이 바티칸과 대사를 교환하고 교류하고 있다는 것이 그 반증이다.

  그런데 우리가 그냥 지나치지 말고 반드시 알아야 할 중요한 것은 이러한 상황들이 벌어지는 것이 교황청이 그냥 하나의 종교 단체가 아니라는 것이다. 비록 교황청이 바티칸 시국(市國)으로 영역은 아주 작지만 강력한 세계적인 국가라는 것을 보여주는 것이다. 바티칸은 이렇게 강력한 정치력과 막강한 종교력을 가진 독특하면서도 세계 유일한 국가라는 것이다.

  더 눈여겨봐야 할 것은 미국의 변화이다. 현재는 정치적인 내용을 교류하는 것인지는 몰라도 예전에 성경 중심 신앙과 금욕주의, 강경한 반가톨릭 기치로 전통주의에 반대 노선을 취했었다. 그러기에 영국 국교회의 수호자인 영국 국왕들에게 탄압을 받아서 종교의 자유를 찾아 북아메리카로 이주하여 만든 나라가 미국이었던 것이다. 이러한 미국까지도 바티칸에 대사를 주고받고, 서로 손을 잡기 위해 교황권과 긴밀한 협조도 있다는 것에 놀라지 않을 수 없다.

  그런데 대통령 중에 존 F. 케네디 같은 독실한 가톨릭 신자도 등장하였고, 연합그리스도교회라고 하지만 버락 오바마(본명 Barack Hussein Obama II)가 대통령으로 등장하였는데 그의 이름에서 보여주듯이 '후세인'이라는 이름이 붙어 있어 무슬림(이슬람 교도를 의미하는 아라비아어)적 기운이 돌기도 한다. 그리고 현재 대통령인 조 바이든도 독실한 가톨릭 신자라는 것이다. 이렇게 미국이 변화되었음이 미국 대통령에게 교황을 알현한다는 단어가 적용되고 '숭배한다' 는 단어도 직접 발설하는 상황이 벌어지는 것이 우연이라고 보기 에는 너무 교묘하게 느껴진다.

2) 종교개혁자들이 본 적그리스도

그렇다면 여기서 종교개혁자들이 본 교황에 대해서 몇 사람의 정의를 살펴보고, 존 칼빈이 말한 가톨릭에 대한 생각을 조금 더 살펴보기로 한다.

먼저 마틴 루터는 데살로가후서 2:3-4절을 들어 "…여기서 교황권이 진짜 적그리스도의 권좌에 앉아 있다는 사실을 확신하는 바이다."라고 했고, 존 낙스는 "수 세대에 걸쳐서 교회 위에 군림해 온 교황권이 바로 바울이 말한 적그리스도요 멸망의 아들이다."고 했다. 그리고 필립 멜랑톤도 루터처럼 데살로니가후서 2:3-4절을 들어 "로마 교황권이 거대한 조직과 왕국을 가지고 있는 적그리스도라는 사실은 전혀 의심할 여지가 없는 명백한 진리이다.…"라고 했으며, 영국과 미국 감리교 창시자이며 사회운동가인 존 웨슬리는 "로마 교황권이 바로 죄의 사람이라는 사실을 강조하는 바이다."라고 했다.

특별히 존 칼빈은 그의 저서 「기독교강요」(Institutio Christianae Religionis)에서 여러 번 가톨릭과 교황에 대해서 언급했다. 모두 4권으로 군데 군데에서 언급을 했는데 몇 군데와 내용을 보면 다음과 같다.

먼저 「기독교강요」 I권에 나와 있는 소제목만 봐도 "교황주의자들의 형상은 전적으로 부적절하다"[27], "교황주의자들의 어리석은 핑계"[28]로 되어 있다. 특별히 Ⅳ권에서는 20개의 장 제목에서 8개 정도를 더 날카롭고 구체적으로 지적했는데 제10장의 제목을 보면 "입법권: 교황은 이 권한으로 지지자들과 함께 영혼에 대해 가장 야만적인 압박과 도살 행위를 자랑했다."[29]라고 하였다. 그리고 많은 소제목 중의 하나로 "적그리스도의 왕국"[30]으로 표현하기도 했고, 본문 내용 중에는 "현재 그리스도를 가장 미워하는 원수이며, 복음의 최고의 적이며, 교회를 가장 황폐하게 만들며, 모든 성도의 가장 잔인한 도살자인 자를 여전히 그리스도의 대리요 베드로의 후계자요 교회의 제일 주교라고 생각한다는 것은 더할 나위 없이 우습고 미련한 것이다."[31]라고도 했다. 그 외에도 칼빈은 날카로운 문장과 단어로 가톨릭과 교황 그리고 그 제도적인 것들에 대해 지적하고 비판하고 조금도 인정하는 내용이 없다는 것이다.

그만큼 교황과 가톨릭은 종교개혁자들이 종교개혁을 불러올 정도로 성경과 기독교의 본질에 맞지 않았고 또 크게 벗어났다는 것이다.

---

27) John Calvin, 「기독교강요 I」, 편집부 번역 (서울: 기독교 성문출판사, 1990), 203.
28) Ibid., 213.
29) John Calvin, 「기독교강요 Ⅳ」, 345.
30) Ibid., 275.
31) Ibid., 277.

제6장

대환난으로 가기까지

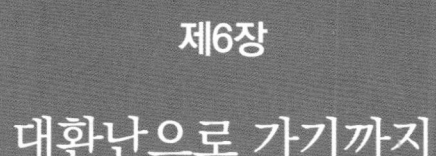

제6장

대환난으로 가기까지

　천지가 창조된 이후 아니 노아 홍수 이후의 지구상은 완전한 안전과 평화가 아니었다는 것은 성경을 통해서 그리고 역사를 통해서 알 수 있는 사실이다. 인간의 범죄로 인해 하나님이 안전망을 해체하셨기에 그렇다. 정말 중요하고 감사한 것은 하나님은 인간의 범죄로 인한 진노로 인간을 멸망시킬 수 있었음에도 자비를 베푸셔서 멸망은 면하게 하셨다는 것이다. 하나님께서는 오히려 인간을 멸망에서 구원의 프로그램과 방법 등을 제시하시면서 믿고 따르는 자들에게는 멸망이 아닌 구원의 길을 만들어 주셨다. 그런데 그 구원의 길에 들어설 수 있는 방법은 하나님이 주신 말씀만 믿고 순종하면 되는 것인데 믿고 순종하는 사람이 얼마가 될까는 아무도 모른다. 믿고 순종하는 데에는 사탄의 집요한 공격과 방해가 있을 것이기 때문이다.

1. 구원에 대한 이해

기독교계에서 가장 많이 사용하는 단어 중의 하나가 구원일 것이다. 설교에서, 교회 교육에서 그리고 신학대학교에서 제일 많이 듣고 배우는 단어도 구원일 것이다. 왜냐하면 구원은 기독교에서 핵심 중의 핵심이기 때문이다. "당신은 왜 교회에 다니시나요?"라고 물으면 "구원받으려고요.", "천국에 가려고요."라고 대답하는 경우를 쉽게 접할 수 있을 것이다.

그러나 왜곡된 구원, 오해하는 구원, 잘못 가르치는 구원이 난무하여 오히려 구원의 길에서 이탈되는 사람도 많이 있다. 구원의 길에서 이탈된다면 어떡할 것인가? 그래서 전에 쓴 책[32]에서 진정한 구원에 대해서 확실하게 구분하고 확실하게 이해하고 확실하게 받을 수 있도록 상세하게 썼다. 여기서는 간단하게 구원에 대한 전반적인 과정을 생각해 보려고 한다.

1) 구원의 필요성

사실 인간에게 구원이라는 단어와 그 과정이 굳이 필요하지 않을 수 있었다. 아담과 하와가 하나님의 말씀을 어기지만 않았더라면 말이다. 그러나 결과적으로 사탄이 하와에게 던진 교만이라는 유혹을 이기지 못하고, 하와가 먼저 하나님이 금지하신 선악을 알게 하는 나무 열매를 따먹었으며, 아담에게도 먹게 해서 하나님이 명하신 말씀을 어겨버린 것이다.

---

32) 이종덕, 「창조에서 구원에까지」 (서울: 비전북하우스, 2021)

여호와 하나님이 그 사람에게 명하여 이르시되 동산 각종 나무의 열매는 네가 임의로 먹되 선악을 알게 하는 나무의 열매는 먹지 말라. 네가 먹는 날에는 반드시 죽으리라 하시니라(창 2:16-17)

이렇게 강한 하나님의 명령도 인간이 사탄과의 대화를 통해 쉽게 어겨버린 것이다. 인간이 사탄의 교묘한 유혹을 이기지 못한 결과이다. 즉, 열매를 따서 먹게 되면 '하나님과 같이 될 것'(창 3:5)이라는 사탄이 던진 교만의 유혹에 빠져 감히 하나님과 같이 되고 싶은 욕망으로 하나님의 명을 어긴 것이다. 인간이 스스로 반드시 죽게 될 수밖에 없는 길을 선택한 것이다. 사실 이 유혹은 사탄도 천사였던 시절에 자기도 하나님과 같이 되고 싶은 교만에 빠져 사탄으로 전락한 내용이다. 중요한 것은 사탄은 그때나 지금이나 앞으로도 이렇게 교묘하게 인간에게 달려들어 인간이 구원의 길에 들어서지 못하도록 방해한다는 것이다.

그렇기 때문에 구원을 그냥 쉽게 생각하고 넘어갈 일이 아니라는 것이다. 인간이 구원을 받지 못하면 하나님께서 분명하게 말씀하신 "반드시 죽으리라."에 참여하게 된다. 여기서 '죽음'이란 단순히 육신의 죽음만을 말하는 것이 아니라 영혼의 죽음 즉, 영과 육이 영원한 불못에 들어갈 수밖에 없는 상태를 말하는 것이다.

2) 구원의 길

아담과 하와가 지은 죄(하나님 말씀의 불순종)의 결과로 하나님은 인간들이 살아가는 동안에 많은 고통을 겪게 될 것이고, 궁극적으로 두 가지가 포함된 죽음을 선언하셨다(창 3:16-19). 육신의 죽음은 물론이거니와 영혼의 죽음까지를 선언하신 것이다. 그러나 하나님은 영원한 죽음(불못)에 갈 수밖에 없는 인간에게 구원의 프로그램을 먼저 말씀하신다.

> 내가 너로 여자와 원수가 되게 하고 네 후손도 여자의 후손과 원수가 되게 하리니 여자의 후손은 네 머리를 상하게 할 것이요 너는 그의 발꿈치를 상하게 할 것이니라(창 3:15)

이후로 하나님께서는 성경의 모든 저자에게 영감을 주셔서 구원의 주체가 되실 예수님에 대해 쓰도록 하셨고, 그 사실을 모든 인간들에게 보고 듣게 해 주셨다. 창세기 3:15절에서 이미 세상을 구하러 오실 예수님을 여자의 후손으로 예언해 주셨다. 구약은 선지자들을 통해서 오실 예수님에 대해서, 신약은 오신 예수님에 대해서, 요한계시록은 다시 오실 예수님에 대해서 쓰였다고 모두들 그렇게 말하기도 한다. 그러나 성경은 그러한 얘기들을 포함해서 궁극적으로 다시 오실 예수님 즉, 최종 구원의 길로 이끌어가실 구세주로, 태초부터 예수님이 재림하실 때까지 세상 모든 사람들의 진정한 믿음 유무를 근거로 영생과 영벌로 심판하시는 심판주로 오실 예수님에 대해서 쓰여졌다고 해도 과언이 아니다. 왜냐하면 인간의 최종적 구원이 그만큼 두렵고 중요하기 때문이다.

분명한 것은 구원의 길은 오직 하나라는 것이다. 그 길을 예수님께서 "내가 곧 길이요 진리요 생명이니 나로 말미암지 않고는 아버지께로 올 자가 없느니라."(요 14:6)라고 아주 분명하게 확인시켜 주셨다. 그러나 여러 종교들이나 이단들이 자신들이 구원의 길이라면서 진정한 구원의 길을 오도하고 있다. 세계 여러 나라의 기독교에서 세계 복음화에 열정을 쏟고 헌신하고 있음에도 불구하고 세계의 종교 분포를 보면 구원의 길에 들어간다는 것이 쉽지 않다는 것을 알 수 있다.

> 2020년에는 크리스천이 전 세계 인구의 33.3%로 1970년 33.2%에 비해 0.1%가 증가하는 반면 무슬림은 23.9%로 1970년(15.6%)에 비해 8.3%나 증가하는 것으로 나타났다.
>
> 1970년에는 기독교와 이슬람의 차이가 17.6%였으나 2020년에는 9.4%로 그 차이가 미세해 앞으로 이슬람을 경계하고 기독교가 정체되는 것을 막기 위한 특단의 조치가 필요할 것으로 보인다. 세계 종교 인구 3위는 힌두교(14%), 4위는 불가지론자(8.9%)였으며, 5위로는 불교(7.1%)가 그 뒤를 이었다.[33]

3) 구원의 확인

여러 번 말했지만 사람들은 구원의 길을 너무 쉽게 말한다. 예수님 믿는다고 이야기만 하면 구원받는다고 선언한다는 것이다.

---
[33] http://www.kidok.com/news/articleView.html?idxno=83958.

교회에 다니기만 하면 구원받는다고 인정도 해준다는 것이다. 그 믿음 안에 들어있을 하나님이 바라시는 '진정한 믿음'의 팩트를 체크하지 않고 그냥 구원받은 자로 받아들인다는 것이다. 예수님께서는 구원받은 자의 삶의 기본을 가르쳐 주셨다. '너희는 세상의 소금', '너희는 세상의 빛'이기에 세상에서 빛과 소금으로 살아서 하나님께 영광돌리는 것(마 5:13-16)이라고 말씀하셨다.

바울도 구원받은 성도의 삶을 말한 부분이 있는데 '하나님의 영광을 위하고', '교회에 거치는 자가 되지 말고', '모든 일에 모든 사람을 기쁘게 하여 자신의 유익을 구하지 아니하고 많은 사람의 유익을 구하여 그들로 구원을 받게 하라'(고전 10:31-33)는 삶을 사는 것이라고 했다. 그 외에도 구원받은 성도로서 삶의 방법들을 성경의 여러 곳에서 가르쳐주고 있다. 그런 말씀만으로도 구원받은 자들에 대해서 기본적이면서 간접적으로 체크할 수 있다고 보는 것이다. 한 예로 야고보는 이렇게 제시했다.

> 행함이 없는 믿음은 그 자체가 죽은 것이라. 어떤 사람은 말하기를 너는 믿음이 있고 나는 행함이 있으니 행함이 없는 네 믿음을 내게 보이라. 나는 행함으로 내 믿음을 네게 보이리라 하리라. 네가 하나님은 한 분이신 줄을 믿느냐. 잘하는도다. 귀신들도 믿고 떠느니라. 아아 허탄한 사람아 행함이 없는 믿음이 헛것인 줄을 알고자 하느냐. 우리 조상 아브라함이 그 아들 이삭을 제단에 바칠 때에 행함으로 의롭다 하심을 받은 것

이 아니냐. 네가 보거니와 믿음이 그의 행함과 함께 일하고 행함으로 믿음이 온전하게 되었느니라(약 2:17-22)

앞에서 기독신문에서 발표한 세계 종교인구의 간단한 통계자료에서 세계 인구의 33.3%가 기독교인이라고 하지만 구원의 최종 목적지인 새 하늘과 새 땅에까지 갈 사람이 얼마가 될 것인가는 사람의 판단으로는 예측할 수 없다. 그냥 교회에 다닌다거나 "나는 예수님 믿습니다."라고 입으로 고백한다고 해서 구원받았다고 단정할 수 없기 때문이다. 그냥 간단하게 하나님의 자녀로서 빛과 소금으로 사는 것이, 성도로서 위주영광의 삶을 사는 것이, 제자로서 예수 그리스도를 따르기에 죽음도 불사(不辭)하는 것이 구원받았음을 인간이 간접적으로 확인할 수 있는 방법이다.

4) 구원의 최종 목적지

"예수님 믿으면 천국 간다."는 말에는 동의한다. 성경에서 말하는 '믿음'에 합당한 사람이라면 말이다. 그런데 구원의 최종 도착지가 천국이라고 한다면 요한계시록을 주실 이유가 없을 것이다. '예수님 잘 믿고 살다가 죽으면 천국에 갑니다'라고 가르치고 그렇게 살기를 권하는 것이 기독교라면 즉, 구원의 최종 도착지가 천국이라고 한다면 요한계시록을 주실 이유가 없다는 것이다. 성경에 보면 구원받은 자들이 죽어서 갈 수 있는 곳의 명칭을 상황에 따라 달리 표현이 되기도 하는데 낙원이 3회, 천국이 37회, 하나님 나라란 의미로 신약에서 71회 이상 나와 있다. 반대로 구원받지 못한 자들이 갈 수 있는 곳의 명칭도 신약에서만 지옥이 13회, 무저갱이 9회, 음부가 10회 나와 있다.

여기서 간단히 살펴보고 갈 것은 구원받은 자들이 위에서 말한 곳에 가는 것으로 끝이라면 그리고 구원받지 못한 사람들이 위에서 말한 곳에 가는 것으로 끝이라면 요한계시록 20장에 나오는 백보좌 심판과 불못 그리고 21장에 나오는 새 하늘과 새 땅은 어떻게 설명할 수 있겠는가? 물론 '하나님의 나라'에 대해서는 사람들이 여러 논리로 설명을 하기에 최종 목적지인 것 같기도 하다. "하나님의 나라는 하나님의 다스림이 실현되는 모든 영역을 가리킨다."라든지 "하나님 나라는 하나님의 뜻이 이루어지는 나라입니다." 등의 논리들을 보면 최종 목적지를 설명한 듯해 보인다. 그러나 이러한 논리들은 신학적 논리에서 설명하고 신학적 논리에 적용은 당연하지만 나는 이러한 논리가 신학적 논리를 넘어 물리적(장소적) 환경 즉, 새 하늘과 새 땅에서 하나님의 다스리심이 실제로 이루어진다고 봐야 한다는 것이다.

이런 자세한 내용은 다음 장에서 설명을 하겠지만 결론적으로만 말하면 앞에서 말한 장소들은 구원받은 자들과 구원받지 못한 자들이 최종 목적지로 가는 단계로 볼 수 있다는 것이다. 바울도 낙원에 다녀왔고(고후 12:4), 천년왕국이 진행되는 동안 무저갱에 갇혀 있던 사탄도 잠시 풀려나온다고 했다(계 20:3). 이것은 낙원에 있던 자들도, 무저갱에 있던 자들도 그들이 가야 하는 최종 목적지가 아니라 생명록과 행위록에 기록된 대로(계 20:12) 최후의 심판을 받고 난 후에 부활하여 심판 내용에 따라서 최종 목적지로 가게 된다는 것이다. 성경에서는 그곳을 다음과 같이 설명해 준다.

> 누구든지 생명책에 기록되지 못한 자는 불못에 던져지더라(계 20:15)

> 또 내가 새 하늘과 새 땅을 보니 처음 하늘과 처음 땅이 없어졌고 바다도 다시 있지 않더라(계 21:1)

위의 '불못'이라는 말은 성경 전체에서 두 곳뿐이다(계 20:14, 15). 불못은 구원받지 못한 자들이 가는 최종 도착지라는 것이다. 그런데 이 불못은 천년왕국 전에 심판을 받고 적그리스도와 거짓 그리스도가 산 채로 던짐 받은 유황불이 붙는 못(계 19:20)이다. 사탄은 무저갱에 천 년을 갇혀 있다가 잠시 풀려 '땅의 사방 백성'을 모아 예수님께 대항하여 싸우다가 최종적으로 '불과 유황 못'에 던져져 최후 심판을 받게 된다. 그런데 이곳은 이미 천 년 전에 짐승(적그리스도)과 거짓 선지자가 산 채로 던짐 받아 밤낮 괴로움을 받고 있는 곳이다(계 20:10). 이곳이 바로 생명록에 이름이 기록되지 않은 구원받지 못한 사람들이 최후의 심판을 거쳐 육신의 몸으로 부활하여 가게 되는 최종 목적지인 것이다.

반대로 구원받은 자들이 가는 최종 도착지는 '새 하늘과 새 땅'이다(계 21:1). 그런데 정말 중요한 것은 이 '새 하늘과 새 땅'에까지 가는 것이 앞에서도 말했지만 그렇게 쉽지가 않다는 것이다. 이 책 전체를 통해서 그 이유를 알 수 있도록 설명을 했다. 그러나 '새 하늘과 새 땅'에까지 가는 자들 중에는 두 부류의 사람들이 있다.

하나는 천년왕국에 참여한 자들이다. 그런데 이들은 특혜를 받은 특정된 자들이라는 것이다. 왜냐하면 아무나 그 천년왕국에 참여할 수 있는 것이 아니기 때문이다. 천년왕국에 참여한 자들에게는 죽음과 질병과 상실과 단절이 없다. 그러한 것들은 이전의 사탄의 지배하에 있을 때의 주된 삶이었는데 천년왕국 기간 동안에는 사탄은 무저갱에 들어가 있기 때문에 그러한 영향력을 행사할 수 없기 때문이다. 이렇게 천년왕국에 참여하는 자들은 특혜를 누리는데 그 특혜를 누리기까지는 7년 환난이라는 무시무시한 핍박을 이겨내야 한다. 즉, 7년의 대환난 기간 동안 적그리스도의 핍박으로 인해 순교를 당하든지 아니면 그 고난과 고통을 끝까지 견뎌내는 과정을 거친 자들이라는 것이다. 따라서 천년왕국에 참여하는 자들은 제한적인 특권층이며, 천 년 동안 특혜를 누리고 산다는 것이다.

다음으로 새 하늘과 새 땅에 참여하는 자는 창세 이후 7년 대환난 전까지 구원받은 성도로서 생명록에 이름이 기록된 자들이다.

이들은 천년왕국에는 참여하지 못하지만 천년왕국이 지난 후에 최후의 심판을 거쳐서 둘째 부활에 참여하여 천년왕국에 참여했던 자들과 함께 육신의 몸으로 새 하늘과 새 땅에 들어가는 것이다.

2. 최후 환난 도래의 성경적 정황

구원의 역사 진행 상황을 앞에서 살피면서 왔다. 그런데 이제 그 역사의 마지막이 언제 어떻게 이루어질지를 생각해 보는 것도 아주 중요한 일이라고 생각한다. 예수님께서 성전에서 바리새인들과 서기관들을 통렬하게 경책하신 후에 성전에서 나오시는데 제자들이 예수님의 마음을 위로하려고 성전에 관심을 보여주었다. 그러자 예수님은 오히려 성전이 무너질 것을 예언으로 말씀해 주신다. 그 후에 감람산에 올랐을 때 제자들이 예수님께 "…우리에게 이르소서. 어느 때에 이런 일이 있겠사오며 또 주의 임하심과 세상 끝에는 무슨 징조가 있사오리이까"(마 24:3)라고 묻는다. 즉, 성전이 무너지는 때와 예수님의 재림의 때와 재림의 징조의 상황이 어떤 것이냐고 물어본 것이다.

1) 재림의 시대적 징조

예수님께서는 말세의 상황을 크게 네 가지의 상황으로 말씀해 주셨다고 본다. 하나는 종교적 상황과 사회적 상황 그리고 정치적 상황과 자연적 상황이다.

① 많은 사람이 내 이름으로 와서 이르되 나는 그리스도라 하여 많은 사람을 미혹하리라(마 24:5) / 종교적
② 난리와 난리 소문을 듣겠으나(마 24:6) / 사회적
③ 민족이 민족을, 나라가 나라를 대적하여 일어나겠고(마 24:7) / 정치적
④ 곳곳에 기근과 지진이 있으리니(마 24:7) / 자연적

그런데 말세(末世)란 말을 라이프 성경 사전에서 찾아보면 "구약에서는 세상 종말적 의미보다는 '먼 미래'나 '훗날'을 가리키는 경우가 훨씬 더 많다(신 31:29). 그러나 신약에서 '말세'는 종말적인 의미가 매우 강한데 신학적으로는 '예수 그리스도의 부활 승천 이후 재림하기까지의 모든 기간' 그리고 그와 함께 '종말에 발생할 모든 징조와 재앙, 미래적 사건' 등을 통칭해서 일컫는 경우가 많다(행 2:17; 히 1:2; 벧전 1:20). 특히 종말의 우주적 징조에 대해서는 소 계시록이라 불리는 마태복음 24장에 그리고 종말의 타락상에 대해서는 디모데후서 3장에 잘 나타나고 있다. 아무튼 이렇게 본다면 신약시대는 넓은 의미에서 '말세'라 할 수 있고, 특히 주께서 오실 날이 더욱 가까운 오늘날을 소위 '말세지말'(末世之末)이라 할 수 있다. 유사한 표현들로 '마지막 날'(호 3:5), '끝날'(미 4:1), '말일'(사 2:2), '주의 날'(살전 5:2), '심판 날'(요일 4:17) 등이 있다."[34]라고 나와 있다.

이 내용 중에 '말세(末世)'를 넓은 의미에서 신약시대라고 할 수 있

---

[34] https://terms.naver.com/entry.naver?docId=2391979&cid=50762&categoryId=51387.

으며, 말세지말(末世之末)을 예수님이 재림하실 날이 더욱 가까운 때' 라는 말에 적극 동의한다. 이 사전에서 말한 말세나 말세지말에 대해서 역사적 사실의 몇 군데만 찾아보거나 그리고 현재 진행되고 있는 사회적 상황을 통해서 보더라도 우리는 쉽게 말세를 인식할 수 있다.

2) 재난의 시작

예수님께서는 말세 즉, 신약시대에 일어날 상황들을 말씀해 주시면서 우리에게 경고를 포함한 주의를 주셨다. 그런데 예수님은 이러한 상황들은 재난의 시작이라고 말씀하신다.

이 모든 것은 재난의 시작이니라(마 24:8)

(1) 종교적 : 이단들의 극성(마 24:5)

여기서 통계적인 숫자를 기록할 수는 없지만 그동안 이단들 때문에 고통을 받은 사람들이나 사망한 사람도 셀 수 없을 것이며, 그 과거적 상황이 현재적 상황으로 이어지고 있다는 것도 그리고 미래적 상황까지 간다는 것도 예수님은 이어서 말씀해 주셨다(마 24:11). 요즘 우리나라에는 수도 없이 많은 이단들이 등장하여 국민적 분노를 자아냈을 뿐 아니라 현재에도 수많은 사람들을 미혹하고 현혹하고 있다. 그렇게 하여 영적 구분이 흐려진 사람들을 무저갱으로 이끌어가고 있다.

근 10년 전에 심창섭 박사는 이단의 숫자에 더해서 "현재 그 숫자는 기하급수적으로 성장해 개신교의 1/4 수준"(기독일보, 2014.5.13)이라고 글을 올린 바 있다. 내가 총회(합동)에 근무할 때 만들었던 책「기독교의 이단들」의 내용 중에 이단을 구별하는 기준(심창섭 교수) 16가지를 공개했는데 그 중의 '성경 외의 성경 주장'과 '성경 내의 성경 주장'이 있다. 이단들은 자신들의 주장을 절대화하는 성경 외의 자신들만의 권위적인 경전이 있다는 것과 그들은 성경을 부분적으로 받아들인다는 내용이다.

그런데 우리가 정말로 조심해야 할 것은 이단들이야 우리가 조금만 신경을 쓰면 구분할 수 있어 멀리할 수 있지만 정통을 가면으로 쓰고 이단보다 더 이단인 자들이 많이 있어 속을 수도 있기에 결코 방심해서는 안된다는 것이다.

(2) 사회적 : 팬데믹 사건

우리는 코로나-19 때문에 '팬데믹'이라는 단어와 '변이 바이러스'라는 말에 익숙해졌다. 팬데믹이란 세계적으로 전염병이 대유행하는 상태를 말하는데 이것을 충족시키려면 감염병이 특정 권역 창궐을 넘어 2개 대륙 이상으로 확산되어야 한다. 역사상 팬데믹에 속한 질병은 14세기 중세 유럽 인구 3분의 1의 생명을 앗아간 '흑사병'(페스트)과 1918년 전 세계에서 2,000만-5,000만 명의 사망자를 낸 '스페인독감', 1957년 '아시아 독감'(사망자 약 100만 명 추정), 1968년 80만 명이 사망한 '홍콩 독감' 등이라고 할 수 있다.[35]

---

35) https://www.etoday.co.kr/news/view/1972701.

그리고 요즘 코로나-19 팬데믹인데 이것은 2020년 1월 11일 중국 우한에서 첫 사망 사례가 보고된 이후 1년 10개월 만인 2021년 11월 2일 현재 전 세계 사망자 수가 500만 명이 넘어섰다고 했다.[36] 더 무서운 것은 코로나의 델파 뉴변이 등 32개가 넘는 돌연변이 바이러스의 출현으로 인한 사망자수는 예측하기가 쉽지 않다. 요즘은 우세종으로 분류된 오미크론 확산세는 무서울 정도인데 델타보다 더 위험할 수 있다는 우려도 심각하게 등장하고 있다. 그리고 라오스에 서식하는 박쥐에서 코로나-19 바이러스와 96.8% 일치하는 바이러스가 새로 발견되었다는 보고가 있었다는데 이러한 내용들은 팬데믹이 연속적으로 이어질까 세계를 긴장시키고 있다는 것이다.

(3) 정치적 : 전쟁과 독재적 사건

역사적으로 전쟁이나 혁명 그리고 운동이라는 이름으로 수많은 사람들이 희생을 당한 것은 다 아는 사실이다. 크고 작은 전쟁이 지금까지 수도 없이 많아 엄청난 사망자와 가정의 파괴와 자연의 파괴도 심상치 않았다. 20세기 제1차와 2차 세계 대전 때에 사망자들만의 숫자가 6천만 명에 이른다는 것도 섬뜩하다. 지금도 여러 나라에서 권력을 잡고자 동족 살해와 다른 나라와 전쟁 유발 위협과 현재의 전쟁 진행 상황들이 세계를 긴장시키고 있다.

이렇게 역사상으로도 수많은 전쟁과 사건이 차고 넘치지만 큰

---

36) https://www.ytn.co.kr/_ln/0104_202111020643221350.

건의 주도자 세 명을 살펴보면 다음과 같다.

먼저 히틀러이다. 그는 1934-1945년까지 독일의 독재자였다. 그는 유대인과 다른 민족을 싫어하고, 유럽의 패권을 원하므로 2차 세계 대전을 주도하면서 1,700만 명의 민간인들을 살해했다. 그중에 유대인이 600만 명이고, 집시들이 150만 명이었다.

다음으로 스탈린인데 그는 1922-1953년까지 소련의 공산당 제1서기로 우크라이나 대학살로 1,000만여 명, 1939년에는 나치와 불가침 조약을 맺었다가 나치의 조약 위반으로 소련은 연합군에 참여하게 되는데 이 전쟁에서 2,400만 명의 전사자를 낳았다.

마지막으로 마오쩌둥인데 그는 1949-1953년까지 중국의 혁명가이면서 정치 이론가였다. 그리고 중화인민공화국을 이끄는 공산당 지도자로 있으면서 각종 정책과 백화운동 등으로 4,900만에서 7,800만 명의 사람을 숙청했다.[37]

세계 경찰국가라고 하는 미국이 지정한 악의 축인 불량국가로 2021년 기준으로 이란, 북한, 이라크, 리비아, 시리아, 쿠바라고 했고, 2022년 세계에서 가장 위험한 국가로는 리비아, 시리아, 아프가니스탄이라고 발표하는 기관도 있다. 이렇게 정하는 기준으로는 정치적 폭력(테러리즘, 반란, 정치적 소요 및 전쟁)과 사회적 불안(종교, 민족적 폭력) 그리고 각종 범죄에 따른 위협 정도에 따른다. 현재 미얀마나 러시아와 우크라이나 상황도 이렇게 빼놓을 수 없는 위험국가이다.

---

37) 위키리크스한국(http://www.wikileaks-kr.org), 위키리크스(www.wikileaks.org)는 정부나 기업 등의 비윤리적 행위와 관련한 비밀문서를 공개하는 인터넷사이트

(4) 자연적 : 다양한 자연재해

한국 시각으로 2010년 1월 13일 아이티의 수도 포르토프랭스 남서쪽 25km의 지하 13km 지점에서 발생한 리히터 규모 7.0의 강진이 발생했다. 이 지진으로 이재민만 인구의 3분의 1수준인 300만 명, 사망자만 16만 명이라고 아이티 정부는 추정 발표했다. 그리고 1986년 4월 26일 체르노빌 원전 4호기가 폭발하였는데 1991년 소련이 붕괴 후 발표된 사망자 수만 6,000명이라고 나와 있다. 물론 이것은 인공재해이긴 하지만 자연을 건드린 인간에게 자연이 풀어낸 재해인 것도 많이 있다. 그 이외에도 많은 지진과 해일 그리고 태풍과 화재 그리고 기근 등으로 수많은 사람들이 목숨을 잃었다는 것과 잃고 있다는 것을 역사적 사실들이나 현재의 뉴스 등을 통해서 알 수 있다. 이러한 자연적 재난의 사실들이 손으로 셀 수 있는 정도의 횟수가 아니라는 것이다. 그리고 이에 따른 사망자의 수가 일일이 기록이 되지 않았다는 것도 간과해서는 안되는 정말 무서운 현상들이다. 토네이도나 쓰나미 그리고 화산이나 이상기후 등을 통해 목숨을 잃어간 사람들 그리고 잃어갈 사람은 특정해서 정해지지 않은 그냥 자연재해의 일부분이라는 것이다.

이렇게 정리한 것이 말세의 재난의 전부를 말한 것이 아니다. 그냥 대표적인 상황으로 종교적, 사회적, 정치적, 자연적 상황들을 말한 것인데 사실 세부적으로 더 들어가 보면 잔인하고 다양하고 세계적이라는 것이다. 중요한 것은 이러한 상황들은 단회적, 단기간적이지 않은 환난으로 가는 재난들의 전개 상황이라는 것이다.

3. 대재난의 극복

세계는 지금 곳곳에서 문제들이 발생하고 있다. 정치적, 경제적인 문제로 대국(大國)끼리 각을 세우기도 하고, 전쟁의 위험도 높아지기도 한다. 곳곳에서는 정치적 학살이 일상화가 된 것처럼 소식이 전해지는데 인간을 마치도 동물 잡듯이 쉽게 죽이는 그런 행위들에서 인간의 존엄성은 찾아보기가 쉽지 않다. 전쟁도 그중의 하나이다. 경제적 고통과 자연적 재해 등으로 세계 곳곳에서는 인간에게 찾아오는 고통이 멈추지 않고 있다. 이러한 정치적, 경제적, 자연적 고난과 고통을 극복해 나가기 위해서는 세계가 하나로 뭉쳐야 한다는 논리에 사람들은 공감하게 된다.

1) 단일화된 힘의 필요성

세계는 지금 코로나-19 팬데믹 상황에 빠져 세계가 많은 고통을 겪고 있다. 앞에서도 다른 팬데믹에 의한 인명 손실에 대해 언급은 했지만 오늘날과 같은 혼란 이상이었을 것은 분명하다. 그때와 지금의 의료기술 차이가 있기 때문이다. 지금 세계는 코로나-19로 인해 세상을 떠난 사람이 1년 10개월(2021년 11월 2일 현재) 만에 500만 명이 넘어섰다고 했다. 그런데 지난 2021년 9월 25일 YTN 뉴스에 나온 기사를 보면 또 놀라지 않을 수 없다.

라오스에 서식하는 박쥐에서 코로나19 바이러스와 96.8% 일치하는 바이러스가 새로 발견돼 학계에 보고됐습니다. 지금까지 알려진 코로나바이러스 중에서는 코로나19 바이러스에 가장 가깝습니다. 이는 코로나19 바이러스의 자연 기원설에 힘을 실어주는 것이자 인체를 감염시킬 수 있는 코로나바이러스 종이 더 많을 수 있다는 우려를 높여주는 것입니다. 과학 저널 '네이처'의 온라인 뉴스 사이트인 네이처 닷컴에 따르면 프랑스 파스퇴르연구소 연구팀은 라오스 북부 동굴에서 박쥐 645마리의 침과 배설물 시료를 채취해 분석한 결과 흔히 볼 수 있는 관박쥐 3종에서 코로나19 바이러스와 95% 이상 일치하는 바이러스를 발견했습니다.

최첨단의 의학 기술임에도 불구하고 바이러스로 인해 2년도 안 되어서 500만 명이라는 많은 사람이 사망한 것이다. 우리가 잘 알다시피 14세기의 흑사병은 1346년 동유럽에서 시작하여 1353년 유럽 전 지역을 강타한 대규모의 유행병이었다. 이 흑사병 즉, 대역병이 발생하기 전의 세계 인구는 4억 5천만 명이었지만 대역병이 지난 15세기에는 인구가 3억 5천만 명으로 줄었다. 최소 1억 명의 인명 피해를 당한 것이다.[38] 그런데 위의 YTN의 뉴스를 다시 한번 살펴보면 이러한 팬데믹 현상이 단회성이나 드문 현상으로 보기에는 이제 어려움이 있다는 생각이 든다.

요즘 또 다른 익숙한 바이러스 단어가 있다. 델타 변이 바이러스다. 이 말은 2020년 10월 인도에서 처음 발견된 코로나-19 변이 바이러스로 처음에는 '인도 변이'로 불리다가 '델타 변이' 바이

---

38) https://namu.wiki/w/%EC%A4%91%EC%84%B8%20%ED%9D%91%EC%82%AC%EB%B3%91.

러스라고 부르기 시작했다. 이런 변이 바이러스는 코로나-19보다 전파성이나 위험성이 더 높은 것으로 우려 변이로 분류된다. 거기다가 요즘은 오미크론의 확산세가 세계를 초긴장시키고도 있는데 이 바이러스가 우세종으로 분류가 되었으며, 코로나-19보다는 위험성이 덜하지만 그래도 사람의 생명에까지 영향을 미치고 있다. 그리고 2022년 새해부터 프랑스에서 돌연변이 46개를 보유한 새로운 코로나-19 변이 바이러스가 발견돼 세계 의학계의 이목이 쏠리고 있다는 뉴스들이 긴장을 추가시키고 있다.

이 팬데믹 상황만이 세계를 단일화로 가게 하는 유일한 것이 아니다. 이렇게 세계 안위를 위협하는 것들은 제한적이지 않다는 것인데 이러한 위협들을 극복하기 위해서는 세계가 하나로 뭉쳐야 한다는 논리의 하나로 팬데믹을 말한 것이다.

2) 단일화된 힘의 현실화

위에서 바이러스에 대해서 언급했지만 지금 세계는 지구 온난화로 인해 많은 산불과 홍수 그리고 예측불허의 사태 등으로 고통을 받고 있다. 지구 온난화란 지구가 산업혁명 전보다 점점 따뜻해지는 것을 말한다. 이것은 각국의 경제적 생활로 석탄이나 석유의 대량 사용에 탄소가 다량 배출되어 CO_2와 같은 온실 기체가 하늘로 올라가 지구를 둘러쌈으로 인해서 대기의 열이 우주 공간으로 나가지 못해서 지구의 평균 기온이 올라가기 때문이다. 물론 여기에도 인명 피해는 불문가지이다. 이로 인해 세계 각국의 수장들이 모여 탄소 중립화에 대해서 논의하고 국가별, 산업별로 탄소 중립화를 선언하기도 한다.

쑨자오둥이 쓴 책[39]을 보면 아주 흥미롭다. 그는 제1장에서 통화 국제화에 대해서 설명하고, 파운드, 달러, 엔, 유로 등 세계 경제에서 주도적 위치를 차지했던 화폐들의 흥망성쇠 과정과 국제통화 체제의 변천사를 살펴보았다. 제6장에서는 중국 화폐인 위안화의 국제화 비전과 영향에 대해 살펴보았고, 더욱 흥미로운 것은 제9장에서 하나의 세계, 하나의 화폐를 제목으로 위안화를 하나의 화폐로 구상하고 미래의 국제 화폐로의 위안화에 대한 중국 정부의 야심을 이야기하기도 했다. 쑨자오둥의 이야기는 2010년도에 쓴 책이기에 벌써 10년 이상이 지난 과거의 이야기이지만 '세계 화폐의 단일화'라는 단어가 과거형이 아닌 현재형이요 미래형이라는 것에 신기하기도 하지만 성경으로 간다는 생각이 들기도 한다.

그리고 유엔미래포럼 박영숙 대표는 2021년 10월 어느 포럼에서 "10년 이후에는 설비 자동화, AI 발달 등으로 인구의 50%가 실업자 신세가 돼 기본소득으로 생활하는 시기가 온다. 인구 감소 등으로 부동산의 가치가 하락하게 되며, 주거지는 '렌트'의 개념으로 변화된다."고 강조하면서 특히 현실처럼 사회·경제·문화 활동을 할 수 있는 3차원 가상세계 '메타버스'가 활성화되어 국가 간 경계도

---

39) 쑨자오둥, 「위안화 파워」, 차혜정 역 (서울: 씽크뱅크, 2010).

모호해지고, 화폐 가치도 이전과 다르게 평가될 수 있다고 설명했다.[40] 박 대표가 말한 내용도 지금 우리가 현실에서 어느 정도 체감하고 있기에 전혀 이상하거나 의아하지 않고 그때가 언제일까가 궁금해지기만 한다.

그냥 간단하게 두 사람에 대한 이야기를 생각해 보았지만 앞으로는 이렇게 세계적인 이슈들이 더 많이 그리고 더 다양하게 발생할 것이다. 그리고 사람들의 삶과 죽음의 거리가 멀지 않고 가까이 있을 것이기에 죽음의 길을 극복하기 위해서, 더 나은 안전한 미래를 만들어가기 위해서 세계가 하나의 힘을 가지는 것이 필요하다는 것이다.

세계의 국가 수는 2021년도 기준 국제법상으로는 242개국이며, 유엔 회원국으로는 193개국이다. 이 세계에 지금과 같은 팬데믹 현상이 자주 그리고 계속 진행이 되거나 지구 온난화로 인한 세계적 피해, 지진이나 기타 자연재해로 지구가 위험에 처하게 된다거나 정치적, 경제적, 군사적, 외교적 충돌이 세계 안위가 위협받고 위태롭게 된다면 세계가 하나가 되어 대응하고 극복하려고 하는 것은 당연한 것이 되는 것이다. 그래서 세계가 집단적 나라들이지만 정치적, 경제적, 환경적 단일 조직으로 고난과 어려움도 극복하고, 과학의 발달로 세계가 여럿이 아니고 하나로의 삶을 통하여 행복도 공유한다는 개념으로 움직이게 될 것이다.

---

40) https://news.imaeil.com/page/view/2021102712231229608.

4. 대환난의 시작

재난의 시작(마 24:8)이라는 말씀을 기점으로 마태복음 24:9절 이하를 보면 대환난의 전체 윤곽이라고 할 수 있다.

> 그 때에 사람들이 너희를 환난에 넘겨 주겠으며 너희를 죽이리니 너희가 내 이름 때문에 모든 민족에게 미움을 받으리라. 그 때에 많은 사람이 실족하게 되어 서로 잡아 주고, 서로 미워하겠으며, 거짓 선지자가 많이 일어나 많은 사람을 미혹하겠으며, 불법이 성하므로 많은 사람의 사랑이 식어지리라(마 24:9-12)

1) 재난 끝의 시점

이러한 환난이 올 때는 복음이 온 세상에 전파가 되어야 한다는 것을 말씀하고 계신다(마 24:14). 다시 말해 온 세상에 복음이 전파되면 그때서야 재난은 끝이 나고 환난이 시작된다고 하신 것이다. 여기서 앞의 제3장에서 언급하고 인용했던 크리스천투데이 기사를 다시 한 번 더 생각해 본다.

> 이러한 흐름으로 도널드 맥가브란과 랄프 윈터에 의해 미전도 종족 선교시대가 열렸고, 카메룬 타운젠트에 의해 그들에게 필요한 성경 번역이 실행되었다. 현재 미국 남침례회 국제선교 보고에 의하면 현재 전 세계에는 11,730개 종족이 살고 있는데 이미 복음화가 2% 이상 이루어

진 종족은 4,680개 종족으로 세계 인구 76억 명 중 약 30억 명 정도이다. 복음을 들었지만 거절했거나 아직 복음 전도가 2% 미만으로 이루어진 종족은 7,050개 종족 약 46억 명에 달한다그 한다. 이 중에서도 복음화율 0.2% 미만의 종족은 3,150개 종족으로 약 18억 명 정도 된다고 한다. 그런데 이 중에서 아직 성경도 선교사도 없이 복음에 전혀 접촉이 없는 종족이 150개 종족이나 된다고 한다.

동일한 장에서 인용했던 기독일보 기사에도 "교회와 신자, 선교사, 번역된 성경이 없는 3,400개 종족(비개척 미전도 종족Unengaged Unreached People Groups, 복음화율이 0%)에서 다 개척이 되고 140개 정도밖에 안 남았다. 그것도 곧 끝날 것"이라는 내용이 있었다. 두 기사를 종합해보면 전 세계에는 11,730개 종족이 살고 있는데 아직 교회와 신자, 선교사, 번역된 성경이 없는 종족 즉, 복음이 전혀 전달되지 않은 종족이 140-150개인데 여기에도 곧 전달이 될 것이라는 것이다.

예수님이 말씀하신 환난의 시작을 성경의 두 저자 마태와 마가는 '복음이 모든 민족 즉, 온 세상에 전파되리니'(마 24:14)와 '복음이 먼저 만국에 전파되어야 할 것'(막 13:10)이라고 기록했다. 다시 말해 아직 복음이 전혀 전달되지 않은 140-150개 종족에게 복음이 전달된다면 말세의 재난의 끝이요 말세지달의 환난의 시작이 되는 것이다. 물론 그 최종 끝의 마침표는 만주의 주이신 하나님이 정하시는 것이기에(막 13:32) 신문사에서 사용한 세계 복음화율 등으로 환난의 시기를 우리가 예측하거나 확정할 수는 없다.

2) 대환난의 농도

사실 예수님께서 환난의 농도에 대해서 말씀하시는 것은 우리를 위한 위로이고 격려이고 끝까지 견뎌야 한다는 경고이기도 하다. 환난을 끝까지 견디는 자가 구원을 받는다고(마 24:13) 예수님은 분명하게 말씀하셨는데 그만큼 구원받는다는 것이 쉽지 않을 것임도 보여주신다.

> 이는 그 때에 큰 환난이 있겠음이라. 창세로부터 지금까지 이런 환난이 없었고 후에도 없으리라(마 24:21)

여기 마태복음 24:21절의 '환난'이라는 말의 헬라어 '들립시스'($\theta\lambda\varphi\iota\varsigma$)라는 말은 '누름', '압박', '핍박', '압제', '고통', '시련', '고뇌', '곤경' 등을 나타내는 단어인데 이 단어는 '들리보'($\theta\lambda\beta\omega$)에서 나온 말이다. 그런데 이 '들리보'($\theta\lambda\beta\omega$)는 '누르다', '강하게 누르다', '괴롭히다', '학대하다'의 의미를 가진 단어인데 이 단어 또한 '문지르다'의 뜻을 가진 '트리보'($\tau\rho\iota\beta o$)라는 단어를 어원으로 하는 '트리보스'($\tau\rho\iota\beta o\varsigma$)라는 단어와 유사하다. 그런데 이 '트리보스'($\tau\rho\iota\beta o\varsigma$)라는 말은 '비비다', '마찰하다', '문지르다'의 의미가 있는데 결국 '들리보'($\theta\lambda\beta\omega$)라는 말은 엄청난 고난과 고통을 말해준다고 하겠다. 따라서 예수님께서 말씀하신 마태복음 24:21절에 나오는 '들립시스' (θλιψις)는 '문지르는 마찰로 인해 완전히 닳아서 원래의 모습이 사라질 정도의 극심한 환난'의 의미로 이미 죽은 것과 같다는 환난의 농도를 말해주는 의미인 것이다.

그 환난의 농도가 마태복음 24:15-28절까지를 보면 어느 정도일지 알 수 있다. 그래서 예수님께서도 그 환난의 농도에 대해 "창세로부터 지금까지 이런 환난이 없었고 후에도 없으리라."(마 24:21)고 말씀하셨고, 덧붙여서 "그 날들을 감하지 아니하면 모든 육체가 구원을 얻지 못할 것이나"(마 24:22)라고 말씀하셨다.

3) 대환난의 근본 원인

우리 구원의 역사가 현재의 이러한 세상에서 마무리되고 천년왕국에까지 가게 된다면 얼마나 좋을까? 사실 인간의 범죄에 대한 하나님의 진노는 우리가 상상할 수 없을 정도로 엄청났을 것이다. 사탄의 꾀임에 빠져 하나님이 주신 그 호화찬란한 복을 저버리고 사탄의 지배 아래 스스로 들어가 버렸으니 얼마나 격노하셨을까? 인간을 진멸하실 수도 있었겠지만 그래도 하나님은 자비를 베푸셔서 인간을 구원해 주실 '믿음'이라는 선물을 주셨던 것이다. 그 선물인 믿음이란 '하나님이 아들 예수님을 이 땅에 보내셔서 십자가에 달려 돌아가시게 하시면서 흘리신 피가 우리의 죄(원죄)를 속하는 대속물임을 믿는 것'이다. 이 믿음을 통하여 하나님은 하나님의 자녀로서의 '옥중옥'(獄中玉)을 가리신다는 것이다. 구원을 위해 지불한 대가는 실로 엄청나다. 하나님의 독생자 예수님을 십자가에 달려 죽게 하는 것이다. 결코 값싼 은혜가 아니다.

그런데 누차 언급하지만 오늘날 교회는 구원에 대해서 너무 쉽게 말한다. 그냥 교회에만 나오면 구원받는다든지 "예수님 믿으십니까?"라고 물으면 "아멘"하면 구원받는다고 전한다. 마치도 구원을 교회에서 베푸는 것처럼 쉽게 말한다는 것이다. 나는 지난번에 쓴 「창조에서 구원에까지」라는 책에서도, 극동방송국 인터뷰에서도 분명히 구원은 그런 헐값이 아니라고 분명하게 말했다. 구원은 세상을 만드신, 세상의 주인이신 분이 피를 흘려주셨다는 것을 믿는 사람에게만 주시는 선물인 것이다. 그리고 영과 육이 영원한 하나님의 나라인 '새 하늘과 새 땅'에 가는 것을 정하는 선물인데 그 선물을 그냥 대충해서 받는 것으로 생각하면 그것은 선물을 주시는 분을 모독하는 것을 넘어서는 것이다.

> 하나님이 세상을 이처럼 사랑하사 독생자를 주셨으니 이는 그를 믿는 자마다 멸망하지 않고 영생을 얻게 하려 하심이라. 하나님이 그 아들을 세상에 보내신 것은 세상을 심판하려 하심이 아니요 그로 말미암아 세상이 구원을 받게 하려 하심이라. 그를 믿는 자는 심판을 받지 아니하는 것이요 믿지 아니하는 자는 하나님의 독생자의 이름을 믿지 아니하므로 벌써 심판을 받은 것이니라(요 3:16-18)

구원의 선물을 주시는 하나님의 방법은 간단하다. 독생자 예수 그리스도를 믿는 것이다. 그 '믿음'이란 그냥 단순하게 입으로만 "믿습니다"가 아니라 현재에도 하나님의 자녀로 세상과 구별된 삶을 사는 것을 말하고, 말세지말에 있을 사탄의 공격에 의한 험한 핍박이나 재난에 대해서도 견뎌내야 구원의 선물이 주어진다고 말씀하신다. 특별히 말세지말에 있을 환난을 이겨낸 사람들은 천년왕국에 들어가는 특권을 얻게 되고, 이겨내지 못한 사람들은 천년왕국에서 살 수 있는 혜택을 누릴 수 없게 된다. 그리고 지금은 천국이나 지옥의 장소에 가 있겠지만 대환난 전에 죽은 모든 사람들은 천년왕국 후에 백보좌 심판을 거쳐 인간의 몸으로 부활하여 새 하늘과 새 땅에 참여하는 자도 있겠고, 영원한 불못에 들어가는 자들도 있을 것이다.

그런데 더 무섭고 중요한 것은 재난은 대환난의 시작(마 24:8)에 불과하다는 것이다. 예수님께서는 이러한 환난은 창세로부터 지금까지 없었고 후에도 없을 것이라고 말씀하셨는데 이런 환난의 주동자가 누구일까? 바로 적그리스도라는 것이다. 이러한 적그리스도가 나타났을 때 사람들의 반응을 살펴보았지만 "온 땅이 놀랍게 여겨 짐승을 따르고"(계 13:3)와 "이 땅에 사는 자들은 다 그 짐승에게 경배하리라."(계 13:8)라고 분명하게 말씀해 주신 것이다. 그 정도로 구원의 길로 들어선다는 것이 결코 쉽지가 않다는 것을 경고해 주고 계신다.

5. 세계를 이끌어갈 리더(?)

지금 세계는 아수라장이다. 팬데믹을 넘어 세계 곳곳에서 발생하는 자연재해로 죽어가는 사람, 정치적 핍박과 전쟁으로 인해 죽어가는 사람, 경제적 난관으로 인해 죽어가는 사람이 하루에 수십만 명에 이를 것이란 통계수치가 무섭다는 생각이 든다. 아프리카에서 굶주림으로 하루에 죽는 아이들만 2만 명이 넘을 것이란 수치도 그 중의 하나이다. 이러한 고난과 환난에서 인류가 벗어나야 한다는 선한 주제에 동(東)과 서(西), 빈(貧)과 부(富), 여(女)와 남(男) 할 것 없이 세계가 공감을 할 것이고, 거기서 탈출하려고 노력하면서 자국(自國)의 국익과 대의를 점유하려고 다투는 것도 우리는 볼 수 있다. 그 리더들 중의 하나인 유럽연합을 한 번 생각해 보기로 한다.

1) 하나로 가는 유럽

유럽연합(EU)의 시작은 제1, 2차 세계 대전의 주원인이었던 독일과 프랑스 간의 적대 요인을 극복하고 평화를 실현하기 위해 프랑스 외무장관 로베르 슈만(Robert Schuman)이 1950년 5월 9일에 자국의 경제학자이자 1, 2차 세계 대전에도 참여하여 관리했던 경제계획청장인 장 모네(Jean Monnet)가 구상한 무기 제조 자원인 철강과 에너지 자원인 석탄을 초국가적인 기구가 공동 관리하고 공동시장 운영을 통해 전쟁을 막자는 내용을 '슈먼 선언'으로 발표한다. 이에 대해서 독일과 이탈리아 그리고 베네룩스 3국이 받아들여서 프랑스·독일·이탈리아·네덜란드·벨기에·룩셈부르크 등 6개국이 참여하여 유럽석탄철강공동체(ECSC, European Coal and Steel Community)를 구성하게 된다.

그리고 관세동맹, 경제 및 화폐동맹, 회원국 간의 상품·인력·서비스 자본의 자유 이동, 경제·산업·사회·재무·재정 분야 공동정책을 통해 단일시장을 형성한다는 유럽경제 공동체(EEC, European Economic Community)와 공동 에너지 시장 창설, 핵 원료 균형 공급 보장, 핵에너지의 안전 및 인간과 환경의 보호를 위한 특별계획 등을 추진한다는 유럽원자력공동체(EURATOM, European Atomic Energy Community)가 1957년 3월에 창설되기도 했다. 이후 1967년 7월에 위 3개 공동체(ECSC, EEC, EURATOM)를 단일공동체로 하되 명칭은 유럽공동체(EC, European Communities)로 통칭했다. 유럽공동체(EC) 12개 회원국들이 1991년 12월 11일 네덜란드 마스트리흐트에서 정상회담을 열어 유럽통합조약을 타결 협의한다. 이것이 1992년 2월 EC 외무장관회의에서 정식으로 조인되어 1993년 11월 1일부터 정식으로 효력을 발휘하여 유럽공동체(EC)가 유럽연합(EU: European Union)으로 명칭을 바꿔 출범했다.[41]

그 이후 유럽헌법조약을 체결하려고 했지만 2005년 프랑스와 네덜란드에서 부결이 되어 유럽연합 27개국 정상들이 2007년 10월에 포르투갈의 리스본에서 정상회담을 열어 최종 합의한

---

41) https://terms.naver.com/entry.naver?docId=5779850&cid=43162&categoryId=43162.

후에 12월에 공식 서명하여 통과해서 리스본 조약(Treaty of Lisbon)이라고도 하는데 정식 명칭은 유럽연합 개정조약(EU reform treaty)으로 2009년 12월 1일에 발효되었다.[42] 이 리스본 조약이 발효되기 전에 우리나라 강원일보 등 여러 언론에서 이 리스본 조약이 그간 막혀있던 아일랜드가 국민투표를 실시해서 통과했다고 보도하면서 다음의 내용도 언급했다. "리스본 조약은 2005년 프랑스, 네덜란드 국민투표에서 부결된 EU 헌법을 대체하기 위해 마련됐으며, 'EU 대통령'으로 불리는 2년 6개월 임기의 정상회의 상임의장직과 외교총책직을 신설하는 등 정치통합을 강화하는 내용으로 돼 있다."[43]

조약의 내용은 "유럽연합의 내부 통합을 공고히 다지고 정치공동체로 나아가기 위한 '미니 헌법'의 성격인데 먼저 유럽연합 회원국이 번갈아 맡던 순회의장국 제도 대신 임기 2년 6개월에 1차례 연임할 수 있는 유럽연합 대통령직(상임의장)을 신설하고, 외무장관에 해당하는 임기 5년의 외교정책 대표직도 신설하였다. 또 의사결정 방식도 종전의 만장일치 제도에서 이중다수결 제도로 변경된다. 이중다수결(二重多數決) 제도란 어떤 정책을 결정할 때 유럽연합 전체인구의 65% 이상, 27개 회원국 중 15개국 이상이 찬성하면 가결되는 제도로서 2014년부터 단계적으로 도입하여 2017년에는 전면 실시된다."[44]는 내용이었다.

---

42) https://terms.naver.com/entry.naver?docId=2065283&cid=42107&categoryId=42107.
43) http://www.kwnews.co.kr/nview.asp?s=101&aid=209100400031.
44) https://terms.naver.com/entry.naver?docId=1282758&cid=40942&categoryId=31659.

2) 하나가 되기까지는

앞에서도 설명을 했지만 유럽연합(EU)은 유럽석탄철강공동체(ECSC : European Coal and Steel Community) 발족을 출발점(1952년 8월)으로 단일시장을 형성한다는 유럽경제공동체(EEC : European Economic Community)와 공동 에너지 시장 창설, 핵 원료 균형 공급 보장, 핵에너지의 안전 및 인간과 환경의 보호를 위한 특별계획 등 추진한다는 유럽원자력공동체(EURATOM : European Atomic Energy Community)를 거쳐(1957년 3월) 앞의 3개 공동체(ECSC, EEC, EURATOM)를 단일공동체로 하되 명칭을 유럽공동체(EC : European Communities)로 통칭(1967년 7월)하여 오다가 유럽연합(EU : European Union)으로 명칭을 바꿔 출범(1993년 11월)한 것이다.

그런데 EEC 회원국으로 벨기에·프랑스·독일·이탈리아·룩셈부르크·네덜란드로 출발했지만 이후 덴마크·아일랜드·영국·그리스·포르투갈·스페인·오스트리아·핀란드·스웨덴 등이 가입하게 된다. 그리고 2004년 5월 1일에는 키프로스·체코·에스토니아·헝가리·라트비아·리투아니아·몰타·폴란드·슬로바키아·슬로베니아가 가입하게 되고, 2007년 1월에는 루마니아·불가리아가 가입하고, 2013년 7월에는 크로아티아가 가입하여 유럽연합(EU)은 총 28개국으로 늘어났다. 그런데 영국이 EU를 탈퇴 즉, 브렉시트를 2020년 1월 31일에 하게 됨으로 현재 유럽연합 회원국은 27개국이 되었다.

여기서 살펴볼 것은 앞에서 로마 제국이 동로마와 서로마로 분할 통치하게 되었고, 그러다가 서로마 제국이 멸망하는 과정에서 10개국으로 분열을 하게 된다. 그 10개국은 성경에서 말했던 열 뿔을 의미하는데 그 열 뿔 중에서 3개의 뿔이 새로 나오는 한 뿔에 의해 사라지고 현재 7개 뿔이 지금 정상적으로 유럽에서 중요한 위치를 차지하고 있다. 그 열 뿔(10개국)을 다시 한번 살펴보면 ① 알레마니족(독일), ② 프랑크족(프랑스), ③ 부르군트족(스위스), ④ 수에비족(포르투갈), ⑤ 서고트족(스페인), ⑥ 앵글로색슨족(영국), ⑦ 롬바르드족(-이태리) 그리고 ⑧ 반달족, ⑨ 동고트족, ⑩ 헤룰리족인 것이다.

3) 하나로 가는 진통

예수님께서는 세상의 마지막 징조를 마태복음 24:14절에서 방점으로 찍어주셨다고 본다.

> 이 천국 복음이 모든 민족에게 증언되기 위하여 온 세상에 전파되리니 그제야 끝이 오리라(마 24:14)

지금 성경에서 말한 7개국 중에서 스위스와 영국이 빠져있다. 스위스는 처음부터 가입을 하지 않았지만 영국은 브렉시트(Brexit, 탈퇴)를 2020년 1월에 했다. 그렇다면 유럽연합에서 영국과 스위스를 그냥 두고 보고만 있을까?

"자유로운 국경 이동을 보장하지 않으면 단일시장도 없다."
유럽연합(EU)이 스위스에 EU 회원국 노동인력의 자유로운 국경 이동을 보장하지 않으면 EU 단일시장 접근 권한을 잃을 것이라는 메시지를 전하고 있다. 브렉시트(영국의 EU 탈퇴) 사태 이후 EU측이 스위스를 통해 말랑말랑한 EU 탈퇴 협상은 있을 수 없다는 메시지를 영국에 전달하고 있는 것이다. 브렉시트 불똥이 스위스로 튀고 있는 셈이다.[45]

스위스의 일부 정치인들은 국민투표를 다시 실시해 EU 시민의 이민을 제한하는 법안을 폐기해야 한다고 주장하고 있다. EU가 스위스를 필요로 하는 것보다 스위스가 EU 시장을 더 필요로 하는 입장이기 때문이다.[46]

이렇게 유럽이 하나의 공동체로 만들어가야 하는 이유와 때가 있는데 비협조적인 나라와 갑자기 브렉시트가 생기는 것과 같은 분열인 듯한 과정이 발생했다. 그러나 이것은 복음이 전 세계 모든 민족에게 전달되기까지의 기간이 남아 있다는 것을 보여주는 것이라고 해석할 수 있겠다. 거꾸로 유럽연합에서나 환경적 요인들로 인하여 브렉시트한 영국이나 가입을 처음부터 하지 않았던 스위스가 유럽연합에 재가입이나 가입이 되는 것은 필연적 사실이면서 그 시기도 조만간에 이루어지지 않을까 생각해 본다.

4) 경제적 하나

앞에서 중국의 쑨자오둥이 2010년에 쓴 「위안화 파워」 책을 간

---

45) https://news.jtbc.joins.com/article/article.aspx?news_id=NB11265567.
46) Ibid.

단하게 살펴보았다. 물론 이 저자는 세계에서 중국문화가 최고이며, 중국을 중심으로 하여 모든 것이 이루어진다는 중국인의 중화사상(中華思想)에 근거로 하여 썼지만 세계 경제의 단일화에 대한 안목은 분명하게 제시하고 있다. 이를 통해서 생각해 볼 수 있는 것은 세계이든 어느 지역에서이든 그리고 어느 분야에서이든 즉, 정치적이든 경제적이든 종교적이든 아니면 모든 분야에서 단일화를 통해 강한 힘과 통제의 시스템이 구축될 것이라고 보여진다. 정치적, 경제적 단일화는 이미 유럽에서는 진행이 되어오고 있다는 것도 사실이다.

유럽연합(EU) 단일통화의 명칭은 지난 1979년 이후 에쿠(ECU)를 써왔으나 독일의 테오 바이겔 재무장관이 유럽을 뜻하는 '유로'(EURO)로 쓸 것을 제안하여 1995년 12월 마드리드 정상회담 때 최종 확정됐다. 1999년 단일통화가 정식으로 도입되어 유로화는 국가별로 발행하여 주화의 경우 한쪽 면이 '국가면'이 되고, 다른 쪽 면이 '유럽면'이 되는 식으로 유럽면은 비교적 자유롭게 선택권이 주어져 있다. 1999년 1월 1일 이후 유럽경제통화동맹 (EMU: European Economic and Monetary Union)이 공식 출범함과 동시에 EMU 참가국들은 Euro 화를 자국의 통화로 사용하였다. Euro는 1999년 초부터 2001년 말까지 실체가 없는 문서상의 통화로 정부 간 거래 및 금융기관 간 결재통화로 사용되다가 2002년 1월부터 6월까지 지폐와 주화의 형태로 각국의 통화와 함께 통용되어지나 2002년 7월부터는 Euro 화만이 법정통화로 사용되고 있다.[47]

---

47) 외교통상용어사전.

영국의 브렉시트로 인하여 현재 유럽연합은 모두 27개국이지만 인구를 모두 합하면 약 5억 명이고, 경제의 규모는 미국과도 맞대응이 되는 거대한 집단이다. 따라서 세계의 주요 정치, 외교, 안보, 경제, 사회, 환경 현안에서도 EU 수장은 강대국의 국가원수와 버금가는 대우를 받고 있는 현실이다. 그리고 현재 어느 나라보다 가장 구속력 있게 단결이 되어 있는 국가집단이라고도 할 수 있다. 거기에 유럽연합의 화폐인 유로화는 특별인출권에서 미국 달러 다음으로 2위의 비율을 차지하고 있는 말 그대로 최대 강국으로 자리잡고 있는 것이다.

5) 유럽연합의 단일 국가: 정치와 경제와 종교(인구) 그리고 군사

2012년 유로 바로미터(Eurobarometer)에 의해 실시한 유럽연합의 종교인구에 대한 여론 조사를 보면 로마 가톨릭이 48%, 불가지론[48] 16%, 개신교 12%, 동방 정교회 8%, 무신론 7%, 다른 기독교 4%, 이슬람교 2%이다.[49] 한 나라에서 한 종교의 인구가 절반에 이르는 국가라고 하면 그 나라는 절반 인구의 종교국이라고 해도 과언이 아닐 것이다. 그렇다면 유럽연합은 가톨릭국가(48%)라고 해도 크게 틀리지는 않는다는 것이다. 그렇다면 막강한 단일국가로의 시작에서부터 현재까지 앞에서 살펴보기도 했지만 더 정확한 자료들은 얼마든지 찾아볼 수 있다.[50] 그리고 경제와 종교도 간단하게 살펴보았다. 이제 마지막으로 군사적인 움직임이 어떤가를 살펴보자.

---

48) 초경험적인 것의 존재나 본질은 인식 불가능하다고 하는 철학상의 입장. 즉, 신의 존재와 관련하여 불가지 (있는지 없는지 알 수 없다, 아는 것이 가능하지 않다=불가지)의 입장
49) https://www.wikiwand.com/ko/%EC%9C%A0%EB%9F%BD_%EC%97%B0%ED%95%A9.
50) https://blog.naver.com/daydreaming_realist/222185909857.

지난 2021년 11월 17일에 연합뉴스에서 "더는 미국에 기댈 수 없다…EU, 유럽군 창설 논의 본격화"라는 제목으로 보도를 한 적이 있다. 보도 내용으로는 유럽연합(EU)이 분쟁에 신속하게 대응하고 자체 작전 능력을 보유하기 위한 유럽군 창설 논의를 본격화[51]한다는 것이었는데 그동안은 미국이 주도하는 북대서양조약기구(NATO, 나토) 군사력에 안보를 의존했지만 이제는 EU 자체로 합동 전력을 보유해 '전략적 자율성'을 확대하려는 변화가 감지된다는 내용이다. 세부적인 내용으로는 "EU는 2025년까지 병력 5천 명 규모의 유럽 합동군을 창설할 계획이다. 유럽 합동군 창설 계획 초안은 육군, 해군, 공군력을 모두 포함하는 '신속대응군'이 적대적인 환경에서 구조 및 대피, 또는 안정화 작전과 같은 모든 범위의 군사적 위기관리 임무를 수행하는 내용을 담았다."이다

이 정도의 사실들이라면 유럽연합은 단일국가로서의 역할로 힘과 능력을 충분히 갖춘 나라가 되는 것이다. 이제 세계에도 강력한 파워를 행사할 수 있는 나라가 되는 것이다. 따라서 유럽연합 대통령에게 강력한 힘이 더 주어진다면 아니 강력한 힘을 행사할 때가 오면 유럽연합은 세계에 가장 막강한 영향력을 행사하게 될 것이다.

---

51) https://www.yna.co.kr/view/AKR20211117108200009?input=1195m.

제7장

대환난에서 천년왕국에까지

제7장

대환난에서 천년왕국에까지

앞에서 말세에 진행이 되었고 진행이 되고 진행이 될 재난과 특징을 간단하게 살펴보았다. 그런데 그 재난들은 단회성이 아니고 연속성이었다는 것을 알 수 있었다. 그러기에 앞으로도 그런 재난은 지속적으로 발생할 것임은 분명한 사실이다. 중요한 것은 말세에 진행이 되는 재난들은 말세지말에 일어날 환난과는 또 사뭇 다르다는 것이다. 다시 말해 예수님이 말씀하신 마태복음 24장의 "많은 사람이 내 이름으로 와서 이르되 나는 그리스도라 하여 많은 사람을 미혹하리라.", "난리와 난리 소문", "민족이 민족을, 나라가 나라를 대적하여 일어나겠고 곳곳에 기근과 지진이 있으리니"라고 하셨는데 이러한 일들은 "이 모든 것은 재난의 시작이니라."라고 분명하게 말씀해 주셨다. 그러니까 이러한 재난은 연속으로 진행이 되다가 말세지말의 환난에까지 이어지게 될 것이라는 말씀인 것이다.

1. 환난의 과정

이러한 재난의 시작은 환난으로 이어져 "그 때에 사람들이 너희를 환난에 넘겨주겠으며 너희를 죽이리니 너희가 내 이름 때문에 모든 민족에게 미움을 받으리라. 그 때에 많은 사람이 실족하게 되어 서로 잡아 주고 서로 미워하겠으며, 거짓 선지자가 많이 일어나 많은 사람을 미혹하겠으며, 불법이 성하므로 많은 사람의 사랑이 식어지리라."(마 24:9-12)라고 말씀하셨다. 이 말씀을 봐도 재난을 넘어 환난으로 진입하여 고난의 농도가 짙어가는 것을 느낄 수 있다. 그런데 이러한 환난을 끝까지 견뎌야 구원을 받을 것이라고 하신 말씀은 환난을 견디지 못할 사람이 많이 있을 것임을 암시해 주신다고 할 수 있다.

> 그러나 끝까지 견디는 자는 구원을 얻으리라(마 24:13)

위에서 말한 재난으로 시작해서 재난으로 끝나서 세상의 종말이 오고 천년왕국에 들어갈 수 있다면 얼마나 좋을까? 무천년설을 주장하거나 후천년설을 따르는 사람들은 환난이 아닌 재난으로 끝나서 예수님의 재림과 천년왕국에 들어가게 될 것이라고 생각할 것이다. 세대주의적 전천년설을 주장하는 자들도 휴거라는 것을 동원해서 교회는 환난을 피해갈 것이라고 했다. 그러나 위에서 말한 것처럼 재난의 농도가 더욱 짙어가는 것을 알 수 있다. 왜냐하면 이러한 재난들은 재난의 시작이라고 예수님께서 말씀하신 재난이 환난으로 이어갈 것임을 말씀해 주신 것이기 때문이다. 따라서 세계 공동체적 차원에서 재난을 대비하고 극복하고 이겨나가려는 대안과 방법들이 만들어질 것이다.

1) 강력한 리더십의 필요성

예수님이 재난의 증상이나 확대·진보는 '세상의 끝이 아니라 재난의 시작'이라고 하셨으니 앞에서도 언급을 했지만 팬데믹 현상이나 기후, 지진, 화산 등의 재난 그리고 민족 간의 전쟁으로 인한 세계의 공포와 두려움과 죽음 등이 엄청날 것이다. 아마 세계는 이러한 재난을 극복해 낼 강력한 리더를 원하고, 그 리더를 찾아 앞세우게 될 것이다. 리더로 선다는 것도 쉽지가 않을 것이다. 세계 각국의 지도자들은 나름 자신들의 위치가 세계적이라고 생각하고 있을 것이기 때문이다. 그런데 어느 나라의 지도자라 할지라도 세계적 난관을 극복하려는 리더로 세움받으려면 엄청난 카리스마가 있어야 할 것이다. 왜냐하면 한 나라의 수장이 아니고 세계적 수장이 되어야 하기 때문이다.

그렇다면 여러 나라 그것도 세계에서 앞서가고 강대국 나라들의 한 연합체인 유럽연합의 리더가 이 시대적 어려움을 극복해 나갈 리더로 부각이 될 수 있고, 유럽연합 회원국들 수장들이 아마 서로 유럽연합의 대통령이 되려고 시도를 할 것이다. 그러나 그 나라가 그 나라이고 해서 어디 딱 부러진 구별이 가지 않는다면 오히려 힘의 분산을 가져올 것이다. 다시 말해 강력한 리더십이 필요하다는 것이다. 지난 2021년 10월 9일 조선일보 기사 중 일부이다.

> 퇴임을 앞둔 앙겔라 메르켈(67) 독일 총리가 7일(현지 시각) 프란치스코 교황에게 작별 인사를 건넸다고 로이터통신이 전했다. 보도에 따르면 남편 요아힘 자우어 훔볼트대 교수와 함께 이탈리아 로마를 방문한 메르켈 총리는 이날 오전 바티칸시국에 있는 교황을 찾아 개별 알현했다.[52]

이 기사를 보면 여기서도 '알현'이라는 단어가 사용되었다. '알현'을 사전에서 찾아보면 "지체가 높고 존귀한 사람을 직접 찾아뵙는 일", "사람이 군주나 교황과 같은 지체가 높은 사람을 찾아가서 뜻을 교류하는 회담"이라고 나와 있다. 다른 방송이나 신문에도 이런 교황 면접을 '알현'이라는 단어를 사용하고 있다. 이렇게 최대 강대국 중의 하나인 독일의 수상(수장)이 교황에게 토직 인사까지 하러 갔다는 사실에 '알현'이라는 단어가 교황에 대한 일상적인 현실이 되지 않을까 하는 생각이 든다. 제5장에서 좀 자세하게 살펴보았지만 미국의 전 대통령 오바마는 교황을 만난 자리에서 자신은 교황을 '몹시 숭배하는 사람'이라고 소개했다고 했다. 여기 '숭배'라는 단어는 "우러러 공경함", "신이나 부처 따위의 종교적 대상을 우러러 신앙함"이라는 말이다. 자칭 타칭 세계 제1 강대국이라고 하는 미국의 대통령도 교황을 신처럼 우러러 신앙한다는 것이다.

---

[52] https://www.chosun.com/national/people/2021/10/09/SWFKOHDFSBBF5F6R4YXZBUCGLI/?utm_source=naver&utm_medium=referral&utm_campaign=naver-news.

우리나라 대통령들도 대부분 교황청을 방문해서 교황을 면접한 바 있다. 이러한 현상은 우리나라뿐만이 아니라 세계 모든 국가들이 그렇다고 이미 앞에서 살펴보았다. 구원이라는 것과는 다르지만 세계 가톨릭 신자수는 2019년 교황청에서 발표했는데 2017년 12월 31일 현재 13억 1,300만 명이라는 것이다. 그런데 월간 중앙 2021.12호 기사에는 세계 가톨릭 신자가 14억이라고 했다. 구원은 하나님과의 관계 속에서 믿음으로 받는 것이기에 신자의 숫자하고는 관계가 없지만 유럽연합 안에서의 가톨릭 신자의 수는 전체 종교인들 중에 48%를 차지한다고 했다. 이렇게 많은 신자들의 수장으로의 리더십은 그야말로 세계에서 유일하기에 세계적 리더들이 앞다투어 교황청을 방문하고 '알현'이나 '숭배'라는 단어도 서슴지 않고 사용하고 있다고 생각한다.

여기서 무슨 단어 설명을 하면서 단어를 공부하려는 것이 아니다. 세계적인 리더들이 그리고 강력한 파워의 언론들이 세계적인 '색다른 리더십'을 누구에게 적용하는가를 살펴본 것이다. 종교적 행사가 아닌 정치적 환경에서 이러한 단어들을 일상적으로 사용한다는 것 자체가 '색다른 시대'가 온 것이 아닌가를 생각해 본 것이다.

2) 교황청의 등장 가능성

요즘과 같이 세계적인 팬데믹과 자연재해, 정치적·경제적 혼란 등이 연속적으로 진행이 되어 세계적 혼란과 위기감이 지속된다면 이런 위기 극복을 위해 강력한 카리스마가 있는 세계적 리더가 필요할 것이다. 성경에서도 말세에 일어날 재난들은 말세지말이 다가올수록 닥칠 더 큰 재난들의 시작이라고 했는데 이러한 재난들에 대응할 리더가 필요한 것이다. 그런데 어떻게 교황청의 등장 가능성이 있다는 것일까? 교황청은 단순한 종교집단이 아닌가? 아니다. 교황청은 비티칸 시국이라는 정상적인 국가인 것이다.

교황청의 국가명으로는 비티칸 시국(State of the Vatican City)이며, 이탈리아 로마시에 위치하고 있다. 인구는 2017년 기준으로 약 800명이며, 면적은 0.44km²이고, 수도는 바티칸이다. 바티칸 시국의 수장은 교황으로 교황은 바티칸 시국과 로마 성청을 중앙집권형으로 다스리며, 세계 가톨릭 교회 및 교도를 통솔하는 세계에서 가장 작은 독립국가이다. 국가에는 영토, 국민(사람), 주권이라는 3요소가 구비되어야 한다는 조건이라면 바티칸 시국은 이를 만족한다는 것이다. 어느 국가와도 유사한 국가 조직체를 가지고 있으며[53], 국가이면서도 종교 단체의 수장이기에 국가를 넘어설 수 있는 유일한 국가라는 것이다.

국가이기에 바티칸 시국은 세계에 외교사절을 파견하기도 하고 접수하기도 하는데 그러한 관계가 2019년 기준으로 183개국에 이른다. 그리고 바티칸 시국은 UN(국제연합), EU(유럽연합), IAEA(국제원자력기구) Interpol(국제형사경찰기구) 등 주요 국제기구에 정식회원국

---

53) https://terms.naver.com/entry.naver?docId=5764070&cid=64577&categoryId=64577.

으로 참여하기도 하고, 옵서버로서도 적극적으로 외교활동을 하고 있다. 그러나 일반 나라와 달리 바티칸 시국의 주교황청대사관들은 비티칸 시국이 작은 영토이기에 그 안에 있지 못하고 이탈리아령에 있다는 것뿐이다.

3) 교황청의 등장 과정 예측

세계가 여러 이유와 원인으로 혼란하게 되고 위태롭게 된다면 세계가 안전을 찾기 위하여 여러 가지 대안들과 방법들을 강구하게 될 것이다. 그러면서 이 대안과 방법들을 이끌어갈 강력한 리더를 원하게 될 것이다. 위에서 생각해 본대로 강력한 정치력과 외교력 그리고 종교력까지 가진 사람만이 리더가 될 것이다. 지금 세계는 미국과 중국 그리고 러시아와 유럽연합이 주도권을 가지고 있다고 봐도 과언이 아니다. 그렇다면 교황이 어떻게 세계 최고의 리더로 갈 수 있을까?

의도이든 비 의도이든 유럽연합은 더 강력한 단일국가로의 힘을 원하기에 단일 대통령 중심제로 이미 만들어놓았고, 강력한 정치적, 경제적, 군사적, 과학적 우위로 세계를 이끌어가는 리더십의 발휘와 팬데믹이나 세계적 재난 등으로 하나가 되어야 할 필요성의 리더 자리가 만들어져 있다. 그렇다면 3대 강국보다 더 강하려면 유럽연합의 대통령은 누가 되어야 할까? 세계 정상들이 자랑스럽게 알현하고 신처럼 숭배한다는 그 주인공이 이러한 상황에 리더로서의 자리 매김을 한다는 것은 어떻게 보면 자연스러운 것이 아닐까?

4) 등장 후의 과정

이미 앞 장에서 살펴보았지만 다시 성경으로 돌아가 보자.

> 내가 밤 환상 가운데에 그 다음에 본 넷째 짐승은 무섭고 놀라우며 또 매우 강하며 또 쇠로 된 큰 이가 있어서 먹고 부서뜨리고 그 나머지를 발로 밟았으며, 이 짐승은 전의 모든 짐승과 다르고 또 열 뿔이 있더라. 내가 그 뿔을 유심히 보는 중에 다른 작은 뿔이 그 사이에서 나더니 첫 번째 뿔 중의 셋이 그 앞에서 뿌리까지 뽑혔으며. 이 작은 뿔에는 사람의 눈 같은 눈들이 있고 또 입이 있어 큰 말을 하였더라(단 7:7-8)

세계적 주도권을 잡은 리더를 성경에서는 이렇게 설명을 해주고 있다. 그는 주어진 리더십으로 세계에 몰아닥친 재앙들을 극복하면서 새로운 리더십을 만들어 갈 것이다. 정치적 문제와 경제적 그리고 기타 세계적 문제들을 극복해가면서 새로운 종교적 리더십까지를 행사하려고 할 것이다. 그것을 다니엘은 다음과 같이 예언을 한다.

> 그가 장차 지극히 높으신 이를 말로 대적하며 또 지극히 높으신 이의 성도를 괴롭게 할 것이며, 그가 또 때와 법을 고치고자 할 것이며, 성도들은 그의 손에 붙인 바 되어 한 때와 두 때와 반 때를 지내리라(단 7:25)

이미 앞에서 설명이 되었기에 구체적으로 언급은 않겠지만 이렇게 종교적 리더십까지를 거머쥔 이 리더는 하나님을 대적하며, 하나님을 믿는 자들과 자기를 따르지 않고 믿지 않는 자들을 괴롭힐 것인데 때와 법을 고치면서까지 괴롭힐 것이라 했다. 그런데 그 괴롭힐 기간이 '한 때와 두 때와 반 때' 즉, 3년 반이라는 것이다. 예수님께서는 이 '때'를 '큰 환난'의 때로 규정하고 창세로부터 지금까지 이런 환난이 없었고 후에도 없을 것(마 24:21)이라고 말씀해 주셨다.

2. 환난의 진행

1) 환난의 시작

세계적 리더십을 가진 리더는 이제 자기가 하나님이라는 것을 나타내려고 할 것이다. 이 리더는 용(사탄)으로부터 용이 가진 능력과 보좌와 큰 권세를 받고(계 13:2) 마흔두 달 동안 일한 권세까지도 받게 된다(계 13:5). 그의 능력과 권세에 온 땅이 즉, 세상 사람들이 놀라서 짐승을 따르고 경배하면서 "세상에 이 짐승과 같은 자 없으며, 그 누구도 이 자와 싸워서 이길 자가 없다."라고까지 고백하게 된다. 이 리더(짐승)는 한 이레 즉, 7년 동안 권력을 휘어잡고 전 3년 반은 비교적 안정된 리더십을 발휘하다가 후 3년 반이 되면 그의 본색을 더 구체적으로 드러내게 된다. 이 짐승은 '하나님을 모독하는 말을 하고, 입을 벌려서 하나님을 향하여 비방하고, 천사들과 구속받은 자들까지를 비방'(계 13:5-6)할 것이다. 그리고 '성도들과 싸워 이기게 되고 각 족속과 백성과 방언과 나라를 다스리는 권세를 받으니'(계 13:7)라고 하여 그가 하나님의 성도들을 죽이고 각 백성들을 다스리는 권력을 행사한다고 되어 있다.

예수님은 이 환난의 고통이 얼마나 큰지를 "그 날들을 감하지 아니하면 모든 육체가 구원을 얻지 못할 것이나"(마 24:22)로 설명해 주셨다. 구원이 쉽지 않다는 것을 보여주시는 말씀이기도 하다. 그리고 예수님 믿는다고 고백만 하면 구원받는다고, 교회에 다니면 구원받는다고 하는 오늘날 너무 쉽게 구원을 선포하는 것에 대한 경고라고 본다. 성도들에 대한 적그리스도의 핍박이 잔혹하기에 예수님은 선택한 자들을 위해 그 날을 감하시겠다고 약속하시기도 하셨다(마 24:22).

> 그 날 환난 후에 즉시 해가 어두워지며 달이 빛을 내지 아니하며 별들이 하늘에서 떨어지며 하늘의 권능들이 흔들리리라. 그 때에 인자의 징조가 하늘에서 보이겠고 그 때에 땅의 모든 족속들이 통곡하며 그들이 인자가 구름을 타고 능력과 큰 영광으로 오는 것을 보리라(마 24:29-30)

이렇게 재림을 약속하신 예수님이 오시게 되면 그 험한 핍박을 주도하며 마치도 하나님처럼 행세하던 그 리더는 당황하게 될 것이다. 왜냐하면 자기가 하나님으로서의 자리를 잡았다고 생각하고 또 그 수많은 사람들이 그렇게 믿고 따라왔기 때문이다. 그래서 이 리더는 자기 수하의 강한 군사와 종교적 힘을 동원하여 재림하시는 예수님과 싸우러 예수님이 오시는 곳으로 쫓아간다는 것이다. 여기서 또 중요한 것은 '모든 족속들이 통곡하며'라고 했는데 이쯤 이면 이들은 자신들의 불신앙을 통하여 영벌을 받아야 하는 당연함에 슬퍼한다는 것이다. 왜냐하면 이제 그들에게는 회개의 길도 방법도 막혔고, 회개할 기회도 사라졌으며(회개를 받으시지 않음) 그러기에 구원의 길이 사라졌기 때문이다.

2) 환난의 절정

작은 단위의 조직이나 국가라면 통제의 수단이 심하거나 많지 않아도 통치가 가능하다. 여기 저기 자료를 찾아보면서 유명한 미래학자가 6년 전에 어느 방송에서 한 내용을 기록해 둔 블로그 글들을 읽어 보았다. "2025년 바이오컴퓨터가 나오면 결국 결제시스템은 칩으로 몸 속에 들어간다고 본다."는 내용을 필두로 "물물거래->금은화폐->국가화폐->개인화폐->세계화폐" 등의 화폐 내용이 중간 내용이고, 말미에 "통화는 단일화되고 화폐는 앞으로 칩으로 사람의 몸속으로 들어가게 된다는 예측이다."[54]라는 글이었다.

우연일까? 앞에서 나는 위안화와 유로화에 대해서 간단하게 언급을 했었다. 사람에게는 먹고 사는 것이 삶과 죽음 그리고 행복과 불행을 좌우할 수 있는 것이기에 경제적 압박이나 통제가 사람들을 이용도 하고, 악용도 하고, 좌지우지도 할 수 있는 최고의 무기가 될 수도 있다.

---

54) https://blog.daum.net/ygyung/16004547 등.

그가 권세를 받아 그 짐승의 우상에게 생기를 주어 그 짐승의 우상으로 말하게 하고 또 짐승의 우상에게 경배하지 아니하는 자는 몇이든지 다 죽이게 하더라. 그가 모든 자 곧 작은 자나 큰 자나 부자나 가난한 자나 자유인이나 종들에게 그 오른손에나 이마에 표를 받게 하고, 누구든지 이 표를 가진 자 외에는 매매를 못하게 하니 이 표는 곧 짐승의 이름이나 그 이름의 수라. 지혜가 여기 있으니 총명한 자는 그 짐승의 수를 세어 보라. 그것은 사람의 수니 그의 수는 육백육십육이니라(계 13:15-18)

이 상황은 용으로부터 권세를 받은 '바다에서 나온 한 짐승'(적그리스도)이 또 '다른 짐승'(거짓 선지자의 대표)과 연합해서 적그리스도의 카리스마로 짐승을 경애하지 않으면 다 죽이고, 오른손이나 이마에 표를 받지 아니하는 자들은 누구든지 경제적 활동 등을 못하게 하는 통제를 한다는 것이다. 이 666이란 누구든지 적그리스도를 따르지 않으면 살아갈 수 있는 방법이 차단되는 것으로 통제적 수단 중의 하나라고 본다.

따라서 그 험악한 통제에도 하나님을 진정으로 믿고 따르는 성도들은 끝까지 666을 받지 아니하고 견디기도 하겠지만 죽음을 당하는 사람도 수없이 많음을 알려주시는 말씀이다. 그리고 믿음이 있는 척했던 거짓 그리스도, 거짓 사도 즉, 모든 거짓 종교지도자들과 가라지와 쭉정이들은 결국 짐승을 숭배하게 될 것이다. 나아가 세상 모든 사람들은 이 짐승의 압제와 통제를 이기지 못하고 짐승을 우상으로 섬기게 될 것이다.

> 만일 누구든지 짐승과 그의 우상에게 경배하고 이마에나 손에 표를 받으면 그도 하나님의 진노의 포도주를 마시리니 그 진노의 잔에 섞인 것이 없이 부은 포도주라. 거룩한 천사들 앞과 어린 양 앞에서 불과 유황으로 고난을 받으리니 그 고난의 연기가 세세토록 올라가리로다. 짐승과 그의 우상에게 경배하고 그의 이름 표를 받는 자는 누구든지 밤낮 쉼을 얻지 못하리라 하더라(계 14:9-11)

결국 짐승에게 경배하고 이마나 손에 표를 받는다는 것은 하나님보다 사탄을 믿고 따르겠다는 고백이며, 그 결과로는 '불과 유황으로 고난'을 받을 것이고, '밤낮 쉼을 얻지 못하는' 아니 쉬고 싶어도 쉴 수 없는 불못의 소속자들이 된다는 것을 경고하고 있다. 그리고 "짐승의 표를 받은 사람들과 그 우상에게 경배하는 자들에게 악하고 독한 종기가 나더라."(계 16:2)라고 경고를 계속하고 계심에도 불구하고 짐승에게 경배하는 무리의 수가 적지 않다는 것을 알 수 있다.

> 그가 장차 지극히 높으신 이를 말로 대적하며 또 지극히 높으신 이의 성도를 괴롭게 할 것이며, 그가 또 때와 법을 고치고자 할 것이며, 성도들은 그의 손에 붙인 바 되어 한 때와 두 때와 반 때를 지내리라(단 7:25)

그럴 수밖에 없는 것을 다니엘 7:25절에서 찾아볼 수 있다. 적그리스도는 7년 환난의 기간 중에 '지극히 높으신 이를 말로 대적'

한다고 했다. 여기 지극히 높으신 이는 하나님을 말하는 것이며, 지극히 높으신 이를 대적한다고 했는데 여기 '대적'이라는 말의 아람 원어로 'לצד'(레차드)로 '옆에서'란 뜻이다. 즉, 이 말의 의미는 '적그리스도가 자기를 하나님과 동등하다'고 하는 말인데 결론적으로 말을 해보면 자기가 하나님과 동등하다는 것이 아니라 자기가 바로 하나님이라는 것이다. 그가 지극히 높으신 이의 성도를 압박과 통제와 핍박을 가하며 심지어 하나님의 때와 법까지를 고치면서까지 성도들을 괴롭히는데 그 핍박의 절정은 7년 환난 중의 후 3년 반이라는 것이다. 이 환난의 기간을 3년 반으로 줄이지 않으면 모든 육체가 구원을 얻지 못하고 순교할 것이기에 끝까지 견딜 수 있도록 하시기 위해 그렇게 환난의 날을 감하신다고까지 예수님께서는 말씀하셨다(마 24:22).

3) 환난의 결과

환난의 결과로 말세지말에 있을 바다에서 나온 짐승의 유혹과 현혹에 온 땅이 그 짐승을 따르고(계 13:3). 그 짐승의 핍박(계 13:7)으로 인해 이 땅에 사는 자들이 그 짐승에게 경배하게 된다(계 13:8)고 경고하고 있다. 중요한 것은 여기 '온 땅'과 '이 땅에 사는 자들' 중에는 예수님을 믿지 않는 자들은 당연한 자들이고, '거짓 그리스도들'과 '가라지'와 '쭉정이'들도 포함이 되어 있다는 것이다. 물론 짐승을 경배하지 않는다는 이유로 핍박을 받을 것인데 그 핍박을 견디고 견뎌 끝까지 생명을 유지하는 성도들도 있고, 핍박을 견디지 못하고 순교하는 성도들도 많이 생길 것은 불문가지이다. 그러나 이런 말세지말이 오기 전에 그리고 말세지말 중에도 목숨을 걸고 진정한 복음, 구원의 방법을 제시하는 사역자들과 성도들이 있다는 것도 사실이다. 왜냐하면 이들이 천년왕국의 주인공들이기 때문이다.

그런데 예수님께서는 예수님의 재림의 때를 노아의 홍수 때와 같다고 말씀하신다. 여기서 크게 두 가지를 생각해 볼 수 있다. 첫째는 노아의 때의 사람들과 말세지말에 사는 사람들은 세상의 마지막 때라고 전달을 받고 그때가 이르렀음에도 불구하고 회개하고 하나님께 돌아오지를 않는다는 것이다. 노아의 때를 예수님께서는 "방주에 들어가던 날까지 사람들이 먹고 마시고 장가들고 시집가고"(마 24:38)라고 하셨으며, 말세지말에는 오히려 사람들이 짐승을 따르고 경배한다고 했다(계 13:3-8). 둘째는 구원의 마지노선을 보여주시고 갈무리를 말씀해 주셨다는 것이다. 창세기 7:16절을 보면 "여호와께서 그를 들여보내고 문을 닫으시니라."라고 하셨다. '여호와께서 문을 닫으셨다'는 말씀은 이제 전적으로 배를 하나님이 주관하신다는 뜻으로 생명의 보호와 구원은 하나님이 통제하신다는 말씀이다. 마태복음 24:30절을 보면 "인자의 징조가 하늘에서 보이겠고 그 때에 땅의 모든 족속들이 통곡하며"라고 하셔서 재림의 시작이 구원의 완성으로 모든 족속들이 통곡을 해도 다시 말해서 회개를 하려고 해도 이제 회개가 받아들여지지 않는다는 것이다. 즉, 노아가 만든 배의 문을 하나님이 닫으셔서 세상 사람들은 구원의 길에 들어가지 못하고 멸망으로 간다는 것을 보여주셨다. 결국 이제 환난의 끝으로 달려가게 된다.

> 세 영이 히브리어로 아마겟돈이라 하는 곳으로 왕들을 모으더라
> (계 16:16)

여기 세 영은 요한계시록 13장에 나오는 '용'(사탄, 계 13:2)과 '바다에서 나오는 한 짐승'(적그리스도, 계 13:1) 그리고 '땅에서 올라오는 또 다른 짐승'(거짓 선지자, 계 13:11)을 말한다. 이 세 영이 세상에서 그들을 믿고 따르는 모든 왕들과 추종자들을 모아 재림하시는 예수님과 싸우기 위해 예수님이 재림하시는 아마겟돈으로 모아서 최후의 전쟁을 벌인다는 것이다.

> 그들이 어린 양과 더불어 싸우려니와 어린 양은 만주의 주시요 만왕의 왕이시므로 그들을 이기실 터이요 또 그와 함께 있는 자들 곧 부르심을 받고 택하심을 받은 진실한 자들도 이기리로다(계 17:14)

그들이 즉, 적그리스도와 거짓 그리스도 그리고 그들을 따르는 왕들과 무리들이 재림하시는 예수님과 더불어 싸우려고 아마겟돈으로 모인다는 것이다. 그러나 그들의 싸움의 대상인 어린 양은 만주의 주시요 만왕의 왕이시니 이길 수 없음은 불문가지이다. 그리고 만왕의 왕과 함께 있는 자들 곧 부르심을 받고 택하심을 받은

자들 즉, 순교하여 부활한 자들과 끝까지 신앙을 지켜 예수님의 공중재림 때 휴거한 후에 예수님과 더불어 지상에 내려온 성도들이 이긴다고 확증해 주신다. 결국 세 영과 그들을 따르는 자들의 결과를 다니엘은 정확하게 표현해 주고 있고, 요한도 적그리스도와 거짓 선지자 그리고 적그리스도를 따르던 세상의 모든 자들의 최후를 정확하게 설명해 주고 있다.

> 그러나 심판이 시작되면 그는 권세를 빼앗기고 완전히 멸망할 것이요 (단 7:26)

> 내가 보매 그 짐승과 땅의 임금들과 그들의 군대들이 모여 그 말 탄 자와 그의 군대와 더불어 전쟁을 일으키다가 짐승이 잡히고 그 앞에서 표적을 행하던 거짓 선지자도 함께 잡혔으니 이는 짐승의 표를 받고 그의 우상에게 경배하던 자들을 표적으로 미혹하던 자라. 이 둘이 산 채로 유황불 붙는 못에 던져지고(계 19:19-20)

> 그 나머지는 말 탄 자의 입으로부터 나오는 검에 죽으매 모든 새가 그들의 살로 배불리더라(계 19:21)

여기서 생각해 볼 것은 적그리스도와 거짓 그리스도 그리고 그들을 따르던 다른 왕들과 사람들은 죽음의 과정이 다르다는 것이다. 예수님의 재림이 진행이 되어 심판이 시작되면 적그리스도는 완전히 멸망할 것인데 그와 거짓 그리스도는 같이 산채로 유황불 못에 던져진다고 했고, 그들을 따르던 무리들은 모두 죽는다고 했다. 다시 말해 그들 세 부류 즉, 적그리스도와 거짓 그리스도 그리고 그들을 따르던 무리들이 천 년 동안 있을 곳을 지정해 주신 것이다. 적그리스도와 거짓 그리스도는 영원한 불못에 들어가게 되고, 그들을 따르던 나머지 사람들은 지옥에 들어가게 된다는 것이다. 깊이 알아 두어야 할 내용이다.

3. 성도의 부활과 휴거 그리고 예수님의 지상 재림

앞에서 설명했듯이 적그리스도의 7년 환난을 시작으로 해서 한 때 두 때 반 때의 참혹한 핍박을 절정으로 인해 세상은 온통 피바다가 될 것이다. 사실 7년 중 전 3년 반은 비교적 무난하게 넘어가지만 위에서 다니엘 7:25절에서 살펴본 것처럼 후 3년 반이 되면 적그리스도가 자기가 하나님이라고 선언하여 성도들을 핍박하고 죽이고 괴롭힌다고 했다. 성경에 나오는 666이라는 것은 적그리스도가 가지고 있는 권력으로 세상을 압박하며 경제적 탄압과 자신을 따르지 않는 자들을 죽일 수 있는 통제 수단이다. 여기 666이란 위에서 살펴보았던 세계가 경쟁하는 '단일화폐'라든지 모 미래학자가 언급했던 '칩으로 몸 속에 들어간다고 본다'라는 말들이 현실화가 되어 세계를 이끌고 통제할 수 있는 수단들이 될 것이다. 나아가 이러한 것들이 강력한 신앙적 통제 수단으로까지 변질되어 하나님을 믿는 신앙이 죽음으로까지 연결된다는 것을 부정할 수 없다.

　이렇게 세상의 전권을 쥐어 잡은 적그리스도는 '우상에게 경배하지 아니하는 자는 몇이든지 다 죽이게 하더라'고 하여 성도들에 대한 제한 없는 살인을 저지르게 될 것이고, 666이라는 통제 수단을 가지고 그 누구든지 이 표를 받지 않고는 즉, 자기를 따르지 않으면 살아갈 수 없도록 하는 압박을 가한다는 것이다. 이렇게 삶과 죽음을 앞에 놓고 최고도의 압박과 살인을 저지른다는 것인데 말세지말의 구원의 길은 딱 두 가지이다. 죽든지 아니면 끝까지 죽음과도 같은 환난을 이겨내는 것뿐이다. 구원에 이르기까지의 과정이 이렇게 어려운데 오늘날 교회는 구원에 대해서 너무 쉽게 선포하고 마치도 교회가 구원을 주는 것처럼 포장하기도 하고, 구원의 길을 오도(誤導)하고 있는 것이 마음이 너무 아프다.

1) 첫 번째 부활

　성도들(순교자들)의 1차 부활과 휴거는 같이 연결이 되어 있다. 사실 많은 사람들이 예수님의 재림을 공중 재림과 지상 재림으로 설명하면서 예수님의 공중 재림 때에 교회(성도들)가 휴거가 이루어져 교회는 적그리스도의 핍박을 받지 않는다는 논리를 제시하기도 한다. 그런가 하면 무천년설을 따르거나 후천년설을 따르는 사람들은 휴거라는 개념이 없다. 왜냐하면 이 설들에는 성도들의 휴거가 없이 또는 특별한 환난이 없이 예수님의 지상 재림을 설명하기 때문이다. 이러한 설을 주장하는 사람들은 현재 우리 사회에서 일어나고 있는 많은 재난들을 환난으로 생각하고 있다는 것이다.

그렇다면 성경은 성도들(순교자들)의 부활과 휴거에 대해서 뭐라고 말하고 있을까?

성경에서 부활에 대한 곳을 찾기가 그리 어렵지 않다. 물론 앞에서도 하나님은 하나님의 구원의 프로그램을 인간의 역사를 통해 접목시키시기도 해서 쉽게 이해할 수 있도록 도와주신다고 했었다. 바벨론의 역사와 연계된 이사야의 예언을 봐도 그렇다.

> 주의 죽은 자들은 살아나고 그들의 시체들은 일어나리이다. 티끌에 누운 자들아 너희는 깨어 노래하라. 주의 이슬은 빛난 이슬이니 땅이 죽은 자들을 내어 놓으리로다. 내 백성아 갈지어다. 네 밀실에 들어가서 네 문을 닫고 분노가 지나기까지 잠깐 숨을지어다. 보라 여호와께서 그의 처소에서 나오사 땅의 거민의 죄악을 벌하실 것이라. 땅이 그 위에 잦았던 피를 드러내고 그 살해당한 자를 다시는 덮지 아니하리라(사 26:19-21)

바벨론에 잡혀가고 멸망한 나라를 위해 죽을 지경에 이르기까지 기도하는 자들에게 바벨론에서 놓아주신다는 예언의 말씀이다. 이 말씀을 말세지말에 비추어보면 순교자들이 "우리 피를 갚아주지 아니하시기를 어느 때까지 하시려 하나이까"(계 6:10)라고 물었을 때 '잠깐 쉬면서 기다려라. 기한이 차면 다 이루어질(심판) 것이다'(계 6:11)고 하신 말씀과 '네 문을 닫고 분노가 지나기까지 잠깐 숨을지어다'와 '거민의 죄악을 벌하실 것이라'(사 26:20)는 말씀이 상통한다고 보여진다.

> 진실로 진실로 너희에게 이르노니 죽은 자들이 하나님의 아들의 음성을 들을 때가 오나니 곧 이 때라. 듣는 자는 살아나리라(요 5:25)

예수님께서는 요한복음 5:19-29절의 말씀을 통해서 구원에서부터 최후의 심판까지를 말씀해 주셨다. 예수님은 구원과 심판에 대한 권한을 아버지에게로 받았다고 말씀하시면서 구원의 전제 조건을 '내 말을 듣고 또 나 보내신 이를 믿는 자'라고 제시하셨으며, 그것을 믿는 자는 사망에서 생명으로 옮겨져 영생을 얻었다고 말씀하셨다. 그리고 25절에서 "죽은 자들이 하나님의 아들의 음성을 들을 때가 오나니 곧 이 때라. 듣는 자는 살아나리라."라고 하셔서 예수님의 재림의 때에 예수님의 부르심에 힘입어 환난 기간 동안에 순교한 성도들이 부활할 것을 말씀해 주셨다. 그런데 많은 사람들은 이 말씀을 예수님 당시로 한정해 예수님의 말씀을 들으면 영적으로 살아나는 것이라고 설명하기도 한다.

그렇게 한정해서 예수님이 하신 말씀의 의미를 축소시켜서는 안된다고 본다. 현재적 상황에서 예수님의 말씀을 듣고 믿으면 영적으로 살아나는 것은 당연하지만 예수님은 그 이상의 말씀으로 예수님의 재림 때에 순교한 성도들이 예수님의 부르심에 응답하여 부활할 것까지를 말씀해 주신 것이다. 다시 말해 환난 기간 동안에 순교했던 성도들이 예수님의 지상 재림 시에 부활하게 된다는 것인데 이것이 첫 번째 부활이라는 것이다.

2) 성도의 휴거

성경에는 여러 곳에서 휴거에 대한 분명한 메시지를 주신다. 그 중의 몇 군데만 생각해 보기로 한다.

> 홍수가 나서 그들을 다 멸하기까지 깨닫지 못하였으니 인자의 임함도 이와 같으리라. 그 때에 두 사람이 밭에 있으매 한 사람은 데려가고 한 사람은 버려둠을 당할 것이요 두 여자가 맷돌질을 하고 있으매 한 사람은 데려가고 한 사람은 버려둠을 당할 것이니라. 그러므로 깨어 있으라. 어느 날에 너희 주가 임할는지 너희가 알지 못함이니라(마 24:39-42)

예수님은 예수님의 재림의 때를 노아 홍수의 때에 비유하셨다. 세상 사람들의 죄의 농도와 지속성은 그들이 홍수로 멸망할 때까지 깨닫지를 못했다고 말씀하시면서 예수님의 재림의 때도 그러리라고 경고하신 것이다. 그러면서 휴거의 장면을 두 예를 들어주셨다. 그러나 꼭 밭에 있거나 맷돌질을 해야 하는 것이 아니라 구원의 전제 조건을 만족시킨 자는 '데려가고', 구원의 전제 조건에서 이탈된 자들은 '버려둠을 당할 것'이라고 말씀해 주신 것이다.

하늘로부터 큰 음성이 있어 이리로 올라오라 함을 그들이 듣고 구름을 타고 하늘로 올라가니 그들의 원수들도 구경하더라(계 11:12)

7년 환난의 끝 무렵에 예수님이 재림을 하시게 되는데 그때에 끝까지 적그리스도의 핍박과 압력과 위협과 고난을 참고 이겨낸 믿음을 지킨 성도들을 올라오라고 부르신다고 했다. 그럴 때에 성도들이 구름을 타고 하늘로 올라간다고 했는데 그 장면을 예수님을 믿지 않아서 구원의 기회를 잃은 자들이 본다고 했다. 이렇게 살아있는 성도들의 예수님의 부르심에 하늘로 올라가는 것을 휴거라고 하는 것이다. 그런데 휴거는 적그리스도의 핍박을 이겨내고 살아있는 성도들에게만 제한된 것일까?

주께서 호령과 천사장의 소리와 하나님의 나팔 소리로 친히 하늘로부터 강림하시리니 그리스도 안에서 죽은 자들이 먼저 일어나고, 그 후에 우리 살아남은 자들도 그들과 함께 구름 속으로 끌어 올려 공중에서 주를 영접하게 하시리니 그리하여 우리가 항상 주와 함께 있으리라(살전 4:16-17)

이 말씀을 보면 '죽은 자들이 먼저 일어나고'라고 했다. 여기 '죽은 자들'이 누구일까? 앞에서도 생각해 보았지만 7년 환난 중 그리고 그중에서 후 3년 반 동안에 적그리스도의 온갖 핍박과 통제와 괴롭힘의 고통을 끝까지 견디다 견디다 못해 죽임을 당한 즉, 순교한 성도들을 말한다. 이렇게 순교한 성도들이 예수님의 재림의 때에 맞추어 먼저 부활을 하게 되고, 적그리스도의 끝없는 핍박에도 불구하고 견뎌낸 살아있는 성도들과 함께 '구름 속으로 끌어 올려 공중에서 예수님을 영접'한다는 것이다. 이것이 우리가 알고 있는 성도의 휴거라는 것이다.

3) 예수님의 재림

사실 유대가 바벨론 포로기간 70년 동안 당한 종교적 시험은 크게 두 가지이다. 하나는 하나님 이외의 우상을 숭배해야 하는 것이요 다른 하나는 유대인들이 믿는 여호와 하나님을 믿어서는 안된다는 종교 금령이다. 말세지말의 적그리스도도 같은 방식의 탄압을 할 것이다. 7년 환난 기간 중 후 3년 반 동안 적그리스도는 세상 사람들에게 짐승(적그리스도)에게 절하며 숭배하고, 그 외에 다른 신을 믿는다거나 숭배하면 수많은 사람들이 순교를 당하게 될 것이고, 견디기 힘든 핍박을 받게 될 것이다.

> 하나님의 말씀과 그들이 가진 증거로 말미암아 죽임을 당한 영혼들이 제단 아래에 있어 큰 소리로 불러 이르되 거룩하고 참되신 대주재여 땅에 거하는 자들을 심판하여 우리 피를 갚아 주지 아니하시기를 어느 때까지 하시려 하나이까(계 6:9-10)

이 환난 기간에 순교를 당한 성도들이 하나님께 자신들의 핏값을 언제 갚아주겠느냐고 묻는다. 다시 말해 자기들이 언제 부활하게 될 것인가를 하나님께 여쭙는 것이다. 순교까지를 선택할 수 있었던 성도라면 부활의 확신도 있기에 부활의 때를 물을 수 있는 것은 당연하다고 본다. 그러자 하나님께서는 그들에게 이렇게 답변을 해 주신다.

> 각각 그들에게 흰 두루마기를 주시며 이르시되 아직 잠시 동안 쉬되 그들의 동무 종들과 형제들도 자기처럼 죽임을 당하여 그 수가 차기까지 하라 하시더라(계 6:11)

그런데 대부분 사람들은 여기 '수가 차기까지'를 '순교자의 수가 차기까지'로 설명한다. 그렇게 되면 하나님이 순교자가 몇 명이 되어야 한다고 미리 정해놓고 그 수가 차기까지 기다리라고 하셨다는 말이 된다. 하나님이 그렇게 무서운 분일까? 그런데 모든 성경이 그렇게 기록을 하고 있다.

영어 성경의 NIV는 'until the number of their fellow servants and brothers who were to be killed as they had been was completed'로, NASB는 'the number of'로, KJV은 'until their fellowservants also and their brethren, that should be killed as they were, should be fulfilled'라고 나와 있다.

이것을 보면 한글 성경이 영어 성경과 맥을 같이 한다고 보인다. 왜냐하면 개역 개정과 개역 한글은 '그 수가 차기까지'로, 공동 번역은 '그 수가 찰 때까지'로, 표준새번역에는 '사람의 수가 차기까지'로, 우리말 성경은 '수가 찰 때까지'로 되어 있기 때문이다.

하나님이 그렇게 순교자의 숫자를 먼저 미리 정해놓으셨을까? 그래서 그 숫자가 '딱 차면' 환난의 기간을 끝내시겠다는 것일까? 하나님께서는 적그리스도가 성도들을 죽이는 과정을 보시면서 그 숫자가 차기까지 그냥 지켜보고만 계신다는 것일까? 그렇다면 그 환난 기간 안에 그 순교자의 숫자가 미리 채워지면 환난 기간(후 3년 반)은 어떻게 되는가? 환난 기간이 단축이 된다는 말인가? 그리고 그 기간 안에 순교자의 숫자가 채워지지 않으면 어떻게 될까? 환난 기간이 연장이 된다는 말인가? 아니면 환란 기간 안에 하나님이 정해놓으신 순교자의 숫자를 적그리스도가 3년 반 동안 과학적으로 정확하게 채운다는 것일까?

나는 개인적으로 다르게 생각한다. 나는 이 말씀은 하나님께서 순교자들에게 조금만 기다리라고 하신 말씀으로 본다. 그 기다리는 시간은 그 수(시간)가 차기까지 쉬라고 하신 말씀이라는 것이다. 그런데 그 말씀 안에는 '그 수(시간)가 차기까지 너의 형제들도 너희들처럼 순교를 당할 것이야. 그런데 그런 일은 수(시간)가 찰 때까지 만이란다'라고 하여 많은 순교자가 발생하는 것은 사실이다. 그러나 여기 수가 찬다는 것은 순교자의 수가 찬다기보다 적그리스도의 핍박의 시간이 찬다는 의미라는 것이다.

헬라어로 '시간'을 나타내는 말에는 두 가지가 있다. 하나는 '크로노스'($\chi\rho o\nu o\varsigma$)요 다른 하나는 '캐로스'($\kappa\alpha\iota\rho o\varsigma$)이다. 그런데 그 뜻으로 크로노스($\chi\rho o\nu o\varsigma$)는 '물리적 의미에서의 시간' 즉, 흘러가는 시간을 말하며, 캐로스($\kappa\alpha\iota\rho o\varsigma$)는 '최적의 시간, 알맞은 순간' 즉, 어느 정해진 특정한 시간을 말한다.

여기 요한계시록 6:11절에 '$\chi\rho o\nu o\nu$'(크로논)이라는 말이 나온다. 이 말은 '시간', '연대', '때', '기한'이라는 뜻의 '$\chi\rho o\nu o\varsigma$'(크로노스)가 원형이다. 이 말의 뜻은 '직선', '수평의 시간', '단절되지 않고 흘러가는 땅의 시간'을 의미하는 말이다. 따라서 순교자들이 최후의 때를 물었을 때 하나님께서는 '단절되지 않고 흘러가는 땅의 시간' 즉, 한 이레의 환난의 시간이 흘러가는데 그중의 후 3년 반 즉, 한 때와 두 때와 반 때(단 7:25)의 시간이 차게 되면 '너희들은 부활할 거야'라고 말씀해 주신 것이다. 따라서 이 말씀은 후 3년 반이 다 차면 환난의 끝이 되고, 그때가 바로 예수님의 재림의 시간이라는 것이다. 왜냐하면 예수님의 재림의 시간이 적그리스도에 대한 최후의 심판이 되기 때문이다.

4. 최후의 심판과 천년왕국

환난의 정도는 우리의 상상을 초월하게 될 것임을 앞에서 "창세로부터 지금까지 이런 환난이 없었고 후에도 없으리라."(마 24:21)를 통하여 살펴보았다. 그리고 그 환난의 기간을 하나님께서 감하지 않으시면 "모든 육체가 구원을 얻지 못할 것이나"라고 하실 정도인데 이것은 적그리스도의 환난에 의한 핍박은 우리의 상상을 초월한다는 것이다.

1) 짐승에 대한 심판

이제 '단절되지 않고 흘러가는 땅의 시간' 즉, 7년 환난 중의 후 3년 반이 차게 되면 예수님께서 공중 재림을 하시게 된다. 그때에 적그리스도의 핍박을 끝까지 견뎌낸 성도들과 핍박 가운데 순교를 당한 성도들이 부활하여 공중 재림을 하시는 예수님을 맞으러 휴거를 하게 된다. 이렇게 공중에서 예수님을 맞이한 성도들과 함께 예수님께서는 지상 재림을 하신다는 것이다. 그때가 되면 지금까지 자기가 하나님이라고 사람들을 현혹하고 세계를 흔들며 핍박하던 적그리스도가 예수님의 재림을 막고 대항하기 위해 그를 따르는 모든 왕들과 따르는 무리들을 이끌고 아마겟돈으로 쫓아와 지상 최후의 전쟁을 이끌면서 예수님께 대항하게 된다.

전쟁의 결과는 어떠할까? 환난의 결과에서 잠시 살펴보았듯이 전쟁 중에 적그리스도와 그를 신처럼 모시면서 수많은 사람들을 미혹하던 거짓 선지자는 사로잡히게 되어 유황불 속에 던져지게 되고, 그들을 따르던 무리들은 모두 죽게 된다고 했다.

또 내가 보매 그 짐승과 땅의 임금들과 그들의 군대들이 모여 그 말 탄 자와 그의 군대와 더불어 전쟁을 일으키다가 짐승이 잡히고, 그 앞에서 표적을 행하던 거짓 선지자도 함께 잡혔으니 이는 짐승의 표를 받고 그의 우상에게 경배하던 자들을 표적으로 미혹하던 자라. 이 둘이 산 채로 유황불 붙는 못에 던져지고 그 나머지는 말 탄 자의 입으로부터 나오는 검에 죽으매 모든 새가 그들의 살로 배불리더라(계 19:19-21)

위의 말씀을 보면 예수님께서 재림하셔서 적그리스도와 거짓 선지자를 잡아서 심판을 하시고, 그들을 산 채로 유황불에 던져버리신다고 했다. 그리고 휴거가 되지 못한 자들 즉, 적그리스도에게 경배를 하고 짐승의 표를 받은 구원을 받지 못한 세상의 모든 사람들은 예수님의 입에서 나오는 검으로 모두 죽임을 당하게 된다고 했다. 그들은 죽게 될 뿐만이 아니라 그들의 시신은 모든 새들이 배불린다는 표현을 할 정도로 그들의 죽음이 얼마나 처참한가를 보여준다.

그러면 아마겟돈으로 같이 갔던 세 영 중의 용(사탄)은 어디 있을까? 재림하시는 예수님이 이 사탄을 용서하시거나 놓치실 이유가 없다. 우리는 사탄의 정체성에 대해서 모르거나 알아도 그냥 대충 아는 것으로 사탄을 너무 가볍게 생각한다. 그래서 나는 이 사탄의 출현과 개념과 최후도 내가 전에 쓴 책[55])에서 정확하게 설명했다. 예수님은 천사를 통해 이 사탄을 잡아 무저갱에 넣어버리신다.

---

55) 이종덕, 「창조에서 구원에까지」 (서울: 비전북하우스, 2021)

> 천사가 무저갱의 열쇠와 큰 쇠사슬을 그의 손에 가지고 하늘로부터 내려와서 용을 잡으니 곧 옛 뱀이요 마귀요 사탄이라. 잡아서 천 년 동안 결박하여 무저갱에 던져 넣어 잠그고, 그 위에 인봉하여 천 년이 차도록 다시는 만국을 미혹하지 못하게 하였는데(계 20:1-3)

이렇게 예수님께서는 휴거된 성도들과 지상에 재림하시면서 사탄과 적그리스도 그리고 거짓 선지자들과 그들을 따르던 왕들과 그들을 경배한 세상의 모든 사람들을 심판하신다. 그런데 위에서 잠시 살펴보았지만 이들이 심판을 받고 적그리스도와 거짓 그리스도는 산 채로 유황불 붙는 못(계 19:20)에 던져지고, 사탄은 천 년 동안 결박하여 무저갱에 던져 넣는다(계 20:2-3)고 하셨다. 그래서 사탄은 천년왕국이 진행이 되는 천 년 동안 결박되어 무저갱에 갇혀있게 된다.

2) 천년왕국에까지

성경에는 '천년왕국'이라는 고유명사는 없다. 앞에서 생각해 보았던 '전천년설'이나 '후천천설' 그리고 '무천년설' 등은 요한계시록 20:4-6절에 나오는 '그리스도와 더불어 천 년 동안 왕 노릇 하니'(계 20:4)와 '천 년 동안 그리스도와 더불어 왕 노릇 하리라'(계 20:6)를 중심으로 해서 만들어 낸 고유명사이다. 그러나 환난 중 순교했던 성도들이 첫째 부활에 참여하고, 환난을 끝까지 참고 이겨낸 성도들과 함께 휴거에 참여했다가 재림하신 예수님과 더불어 지상에 내려와 천 년 동안 왕 노릇 한다는 것은 사실이다.

> 내가 보니 예수를 증언함과 하나님의 말씀 때문에 목 베임을 당한 자들의 영혼들과 또 짐승과 그의 우상에게 경배하지 아니하고 그들의 이마와 손에 그의 표를 받지 아니한 자들이 살아서 그리스도와 더불어 천 년 동안 왕 노릇 하니 (그 나머지 죽은 자들은 그 천 년이 차기까지 살지 못하더라) 이는 첫째 부활이라. 이 첫째 부활에 참여하는 자들은 복이 있고 거룩하도다. 둘째 사망이 그들을 다스리는 권세가 없고 도리어 그들이 하나님과 그리스도의 제사장이 되어 천 년 동안 그리스도와 더불어 왕 노릇 하리라(계 20:4-6)

이제 지상 재림을 하신 예수님께서는 천년왕국을 여셔야 하기 때문에 준비를 하셔야 했다. 흐트러진 지상의 군데군데를 정리를 해야 하고, 재림하시는 예수님과 대응하여 싸우다 죽었던 군사들 그리고 세계 곳곳에서 적그리스도를 섬기며 따르며 살았던 수많은 사람들이 모두 죽었기에 그것들을 정리할 시간이 필요했다. 다니엘은 이 시간을 "매일 드리는 제사를 폐하며 멸망하게 할 가증한 것을 세울 때부터 천이백구십 일을 지낼 것이요"(단 12:11)라고 했다.

다시 말해 적그리스도의 핍박의 절정 기일인 1,260일(후 3년 반)이 끝나면 예수님께서 재림하셔서 전쟁을 마치시고 흐트러진 지상을 정리하기까지 '천이백구십 일'로 표현한 것이다. 따라서 다니엘은 재림하신 예수님께서 적그리스도와 그 무리들을 심판하신 후

30여 일 정도를 지상정리하실 것임을 말해준 것이다.

그리고 앞에서도 언급했지만 성경 어디에도 천년왕국의 조직이나 기타 내용에 대해서 기록해 놓은 곳이 없어서 찾아볼 수 없다. 그렇기 때문에 성경에 없는 말을 만들어내서 임의로 꾸민다는 것은 정말 무서운 것이다. 그러나 예수님께서 성도들과 더불어 천 년 동안 이끌어갈 왕국을 건설하심에 있어 여러 시스템이나 방법들을 만드시고 성도들과 공유하면서 에덴과도 같은 세계를 만들어주시기까지의 기간은 필요하다고 본다. 다니엘은 그 기간을 '천삼백삼십오 일'이라고 언급을 하면서 그때까지 기다린 모든 사람에게 복이 있을 것이라고 말한다(단 12:12).

따라서 적그리스도와 그 무리에 대한 최후의 심판 후 30여일 동안 흐트러진 지상을 정리하고 이어서 새로운 천년왕국 개설 작업을 마칠 때까지는 45일이라는 시간이 걸린다고 다니엘이 말한 것이다. 이것은 천년왕국이 개국되기까지는 최후의 심판을 마친 후 총 75일이 소요가 되는데 다니엘은 이것을 지상 정리를 하는데 30일, 천년왕국 개설 작업을 하는데 45일이 소요될 것이라고 한 것이다.

그렇다면 천년왕국에 참여하는 자들은 누구일까? 요한은 분명하게 제시하고 있다. 환난 기간 동안 목 베임을 당한 자들 즉, 예수님을 죽어도 믿는다고 해서 순교한 성도들과 온갖 핍박과 고난과 환난에도 불구하고 끝까지 적그리스도를 숭배하거나 따르지 않고 이마와 손에 표(666)를 받지 아니한 자들이라고 했다.

여기서 정말 눈여겨볼 단어가 있다. '첫째 부활'이다. 첫째라는 수사로 순서를 시작했으면 그 다음도 있을 것이 확실하기에 그때를 알아보는 것도 중요하다는 것이다. 둘째 부활에 대해서는 다음 장에서 생각해 볼 것이다. 아무튼 여기 첫째 부활에 참여한 자들은 말세지말의 7년 대환난 기간 중에 순교한 성도들을 말하는데 이들과 함께 끝까지 신앙을 지켜낸 성도들만이 천년왕국에 참여하게 된다는 것이다.

제8장

새 하늘과 새 땅

제8장

새 하늘과 새 땅

　이렇게 시작한 천년왕국은 천 년이 지나면 끝이 난다. 그렇다면 이제 이 세상이 끝일까? 아니다. 이제 영원한 새 하늘과 새 땅이 시작된다는 것이다. 그런데 중요한 것은 새 하늘과 새 땅에까지 가는 순서를 아는 것도 필요하다. 아니다. 반드시 새 하늘과 새 땅에 들어가야 한다. 왜냐하면 새 하늘과 새 땅은 우리를 향한 하나님의 최고의 사랑이기 때문이다. 앞에서는 천년왕국에 참여하는 사람들에 대해서 살펴보았다. 이제 마지막으로 새 하늘과 새 땅에 참여하는 자들과 그 과정을 알아보기로 한다.

1. 백보좌 심판

　요한계시록 20:11-12절을 보면 하나님의 보좌 앞에 책들이 펴져 있다고 했다.

> 또 내가 크고 흰 보좌와 그 위에 앉으신 이를 보니 땅과 하늘이 그 앞에서 피하여 간 데 없더라. 또 내가 보니 죽은 자들이 큰 자나 작은 자나 그 보좌 앞에 서 있는데 책들이 펴 있고 또 다른 책이 펴졌으니 곧 생명책이라 죽은 자들이 자기 행위를 따라 책들에 기록된 대로 심판을 받으니(계 20:11-12)

이 말씀은 백보좌 심판의 장면이다. 이제 최후의 심판이 진행이 될 텐데 심판의 대상은 세상 창조 이후 천년왕국 시작 전에 죽었던 모든 사람들에게 내려지는 심판이다. 마태복음 25:31-46절까지를 보면 그 심판의 내용이 서술적으로 기록이 되어 있다. 예수님은 모든 민족을 양(성도)과 염소(비성도)라는 명칭과 위치를 구분해 주셨다(25:32-33).

먼저 양으로 오른쪽에 위치한 자들에게는 "창세로부터 너희를 위하여 예비된 나라를 상속받으라"(25:34)고 하시면서 영생에 들어갈 것을 선언하신다. 그리고 그들이 어떻게 살아왔는지도 설명해 주셨다(마 25:35-40). 그리고 염소로 오른쪽에 위치한 자들에게는 "저주를 받은 자들아 나를 떠나 마귀와 그 사자들을 위하여 예비된 영원한 불에 들어가라."(25:41)라고 하시면서 영벌에 들어갈 것을 선언하신다. 마찬가지로 그들이 어떻게 살아왔는지도 설명해 주셨다(25:42-45).

이렇게 하나님께서 하시는 심판의 객관적 자료는 위의 요한계시록 20:11-12절의 말씀에서처럼 보좌 앞에 있는 책들이다. 그런데 그 책들 가운데 구원받은 백성들의 이름이 기록되어 있는 책은 '다른 책'이라고 하여 '생명책'이라는 단수로 표현이 되어 있다. 그리고 구원받지 못한 사람들의 이름이 기록되어 있는 책과 구원받은 자들과 구원받지 못한 자들이 살아 있을 때 했던 행위들이 기록된 책은 '책들'이라고 복수로 표현이 되어 있다. 그런데 12절에 보면 '심판'이라는 단어가 있는데 일반적으로 사람들은 이 심판이라는 단어를 징벌을 내리기 위한 과정이라고들 말하는데 그런 의미만이 아니다.

'심판'이라는 말을 사전에서 찾아보면 "어떤 문제와 관련된 일이나 사람에 대하여 잘잘못을 가려 결정을 내리는 일"이라고 나와 있다. 이 말은 사람의 행위에 대한 잘잘못을 가려서 상과 벌을 준다는 의미가 있다는 것이다. 따라서 요한계시록 20:12절의 '죽은 자들의 자기 행위'라고 하는 것은 생명록에 이름이 기록된 자들 즉, 구원받은 자들이 살아 있었을 때의 성도로서의 삶을 말하는 것이다. 그리고 또 하나 생명록에 이름이 없는 자들 즉, 구원받지 못한 자들이 살아 있었을 때의 사탄의 지배 하의 삶이 행위록에 다 기록이 되어 있다는 것이다. 따라서 백보좌 심판 과정에서 사람들은 이 행위록에 기록된 대로 상과 벌을 받게 된다는 것이다. 요한계시록 20:12절의 KJV 성경을 번역해보면 다음과 같다.

And I saw the dead, small and great, stand before God; and the books were opened: and another book was opened, which is the book of life: and the dead were judged out of those things which were written in the books, according to their works(Rev 20:12)

그리고 나는 큰 자나 죽은 자나 죽은 자들이 하나님 앞에 서 있는 것을 보았다. 그리고 책들이 펴져 있었고, 다른 책이 펴져 있었는데 그 책은 생명책이다. 그리고 죽은 자들은 그들의 행위에 따라서 책들에 기록된 대로 심판을 받았다(계 20:12)

그런데 이 심판은 세상 창조 이후 천년왕국 전에 죽은 모든 자들이 두 번째 부활이 이루어지기 바로 전에 진행이 되는데 이 심판이 끝나게 되면 지금까지 죽었던 모든 사람이 부활하게 된다. 위의 요한계시록 20:11-12절에서처럼 백보좌 심판을 받고 나니 요한은 "바다가 그 가운데에서 죽은 자들을 내주고 또 사망과 음부도 그 가운데에서 죽은 자들을 내주매"(계 20:13)라고 표현했다. 다시 말해 언제 어디서 어떻게 죽었든지 간에 백보좌 심판이 끝난 다음에는 죽었던 모든 자들이 인간의 몸으로 부활하게 된다는 것이다.

여기서 하나 더 짚고 가야 할 것이 있다. 하나님은 공의로우신 분이라는 것이다. 따라서 심판 적용은 분명 행위록에 기록이 되어 있을 텐데 그 행위대로 상과 벌을 주신다. 구원받은 성도라고 해서 그들에게 주어지는 상이 일률적으로 똑같지 않고, 그들이 삶을 통하여 하나님께서 바라시는 삶을 어떻게 살았는지에 따라 차별된 상을 주신다는 것이다. 예를 들면 주님을 위한 충성으로 순교까지 당한 성도들과 또 빛과 소금으로 충실한 삶을 산 성도들에게 주어지는 상과 예수님께서 십자가에 돌아가실 때 예수님의 오른쪽 십자가에서 죽기 전에 구원받은 강도와 또 그런 비슷한 삶을 살다가 간 사람들이 받는 상급과 칭찬이 같을 수 없다는 것이다.

반대로 구원받지 못한 사람들의 행위에 대해서도 징벌의 차등이 반드시 있다는 것이다. 다시 말해 그 반대로 구원받지 못한 자들의 악한 행위의 농도에 따라 징벌에도 농도가 다르다는 것이다. 바울을 그것을 다음과 같이 말했다.

> 이는 우리가 다 반드시 그리스도의 심판대 앞에 나타나게 되어 각각 선악 간에 그 몸으로 행한 것을 따라 받으려 함이라(고후 5:10)

그렇다고 삶에 대한 상벌이 죽음 후에만 이루어진다는 것도 아니다. 살아 있을 때에도 하나님은 공평과 공의를 적용하시되 오래 참으시며 회개하기를 기다리시기도 하신다고 했다. 하나님은 죄에 대한 분명한 입장을 가지고 계신다. 나도 지난번 책 「창조에서 구원에까지」에서 죄에 대한 분명한 구별법 즉, 원죄와 자범죄 그리고 그에 대한 내용을 설명했다. 시편 7:11-12절을 보면 "하나님은 의로우신 재판장이심이여 매일 분노하시는 하나님이시로다. 사람이 회개하지 아니하면 그가 그의 칼을 가심이여 그의 활을 이미 당기어 예비하셨도다."라고 지은 죄에 대해서 회개하라고 경고하셨다. 그러나 하나님은 사랑의 하나님이시기에 사람이 지은 죄를 회개할 때까지 오래 참아주신다고까지 하셨다(벧후 3:9).

그렇다면 우리는 현재의 삶에서 어떻게 살아야 할까? 다윗이 우리에게 조언을 해주고 있다.

> 여호와여 주께서 나를 살펴보셨으므로 나를 아시나이다. 주께서 내가 앉고 일어섬을 아시고 멀리서도 나의 생각을 밝히 아시오며 나의 모든 길과 내가 눕는 것을 살펴보셨으므로 나의 모든 행위를 익히 아시오니 여호와여 내 혀의 말을 알지 못하시는 것이 하나도 없으시니이다(시 139:1-4)

하나님은 우리의 말과 행동은 물론이고 우리의 생각까지를 밝히 알고 계신다고 했다. 따라서 우리는 살아가는 동안에 말과 행동 심지어 생각까지도 하나님이 기뻐하시도록 해야 한다. 그것은 성경 중심의 삶을 살아가면 된다. 왜냐하면 성경은 하나님이 우리에게 주신 삶의 지침서이기 때문이다. 그러한 삶을 살아갈 때에 하나님께서는 현재의 삶에서도 약속하신 복을 주실 뿐만 아니라 그러한 삶이 일일이 행위록에 기록이 되기에 하나님께서 최후의 심판 때에 큰 상으로 주실 것이기 때문이다. 그 반대의 삶도 마찬가지이다. 하나님이 원치 않는 삶을 사는 자에게 삶의 현장에서 경고와 징벌도 주시겠지만 그의 행위록에 그 행위들이 기록이 되기에 최후의 심판 때에 아주 강력한 징벌적 처벌이 주어질 것이다. 물론 영원한 지옥의 삶 속에서 말이다.

이렇게 하나님은 태초로부터 천년왕국 전까지 죽은 모든 사람들을 생명록과 행위록을 근거로 백보좌 심판을 하시는 것이다.

2. 두 번째 부활

성경의 중심 주제는 예수님에 관한 내용이고, 주인공은 예수님이시다. 그래서 구약은 오실 예수님에 대해서, 신약은 오신 예수님에 대해서, 신약 중에 요한계시록은 다시 오실 예수님에 대해서 기록된 것이라고 일반적으로 생각하고 있다. 그러나 그렇게 한정적으로만 생각하면 안되고, 모든 성경을 크게 한 주제로 보아야 한다. 왜냐하면 성경은 하나님께 범죄한 인간을 향한 하나님의 구원의 프로젝트이기 때문이다.

따라서 성경은 신구약을 통틀어 하나님의 세상 창조에서부터 인간의 범죄로 인한 징벌 그리고 구원의 길을 통해서 천국을 넘어 새 하늘과 새 땅에까지 이르는 방법과 과정을 제시한 구원의 프로그램이라는 것이다. 그렇기 때문에 하나님의 구원의 역사 프로그램은 신구약 모든 성경에 기록이 되어 있다. 성경의 주인은 예수님이시기에 예수님이 하신 말씀이나 삶 그리고 재림과 그 이후의 진행될 일들을 중심으로 해서 기록되었다는 것이다. 그리고 예수님이 하신 말씀이나 보여주신 삶은 우리에게 영생을 주시는 말씀이고, 영원한 삶을 위한 가이드인 것이다.

성경에 보면 마르다와 마리아가 병든 오빠를 고쳐달라고 예수님께 사람을 보낸다. 그러나 예수님의 일정에 맞지 않아 일정을 마친 후 나사로의 동생들을 찾아가셨지만 이미 나사로는 죽은 지 나흘이나 되었다. 예수님께서 "네 오라비가 다시 살아나리라."(요 11:23)라고 위로하시니까 마르다는 다니엘 12:2절의 유대인들이 알고 있는 부활의 개념("자는 자 중에서 많은 사람이 깨어나", 단 12:2)을 근거로 "마지막 날 부활할 때에는"(요 11:24)이라고 부활이라는 단어를 사용하여 오빠가 세상 끝날에 다시 살아날 것이라고 대답을 한다. 마르다는 예수님이 부활과 생명의 주인이신 것까지는 알지 못하고 있었다는 것이다. 그러자 예수님께서는 부활에 대한 진정한 사실을 가르쳐 주신다.

> 예수께서 이르시되 나는 부활이요 생명이니 나를 믿는 자는 죽어도 살겠고, 무릇 살아서 나를 믿는 자는 영원히 죽지 아니하리니 이것을 네가 믿느냐(요 11:25-26)

예수님께서는 예수님 당신이 부활이고 생명이라고 하신 것이다. 그런데 중요한 것은 마르다가 말한 '부활'과 예수님이 말씀하신

'부활'에는 분명한 차이가 있다는 것이다. 마르다가 말한 '부활할 때에는 다시 살아날"(요 11:24)이라는 말을 헬라어로 "$οτι ανασ τησεται εν τη αναστασει$"(어띠 아나스테세타이 엔 테 아나스타세이)라고 하여 '부활'이라는 단어와 '다시 살아날'이라는 단어 앞에 관사가 없다. 그러나 예수님께서 말씀하신 "나는 부활이요 생명이니"를 보면 "$η αναστασις και η ζω$"(헤 아나스타시스 카이 헤 조에)라고 해서 '부활'과 '생명' 앞에 관사 $η$(헤)를 붙여서 '예수님이 바로 그 부활이요 그 생명'이라는 것을 가르쳐 주셨다. 이것은 당신이 생명의 창조자이시고 주관자이시고 관리자이시라는 것을 가르쳐주신 말씀인 것이다. 그런 후에 예수님은 죽어서 나흘이나 무덤에 묻혀있는 나사로를 말씀으로 살려주셨다. 그런데 바울은 부활의 순서를 세 단계로 정리를 해 주고 있다.

> 그러나 각각 자기 차례대로 되리니 먼저는 첫 열매인 그리스도요 다음에는 그가 강림하실 때에 그리스도에게 속한 자요 그 후에는 마지막이니 그가 모든 통치와 모든 권세와 능력을 멸하시고 나라를 아버지 하나님께 바칠 때라(고전 15:23-24)

예수님께서는 예수님 당신이 바로 부활이요 생명이라고 하셨고, 실제로 돌아가신 후 3일 만에 부활하셨다. 바울은 이 예수님의 부활을 '첫 열매인 그리스도요'라고 설명해 주고 있는 것이다. 그런데 인간들에게 적용되는 부활은 모두 두 가지인데 그 첫 번째 부활은 '그가 강림하실 때에 그리스도에게 속한 자'가 할 것이라고 했다. 다시 말해 예수님께서 재림하시기 전 대환난 기간 동안 적그리스도를 중심으로 그의 추종자들에 의해 핍박을 받다가 순교한 성도들이 예수님이 재림하실 때 부활한다는 것이다. 이것이 첫 번째 부활이다. 앞장에서 살펴보았던 것처럼 이 첫 번째 부활에 참여한 성도들이 끝까지 신앙을 지킨 성도들과 휴거가 되어 공중에서 예수님의 재림을 맞이하고, 예수님이 지상 재림하실 때 같이 내려와서 예수님과 더불어 천년왕국에 참여하는 주체들이라는 것이다.

그리고 바울은 '그 후에는 마지막이니'라고 했다. 사람들은 여러 가지로 이 글을 해석하지만 바울이 말한 예수님의 첫 번째 부활을 포함하면 순서로는 세 번째이지만 사람들에게 적용되는 부활에는 두 번째라는 것이다. 다시 말해 천년왕국이 끝난 후에 최후의 심판이 진행이 되어야 하는데 그 심판 대상의 주체들이 부활을 하게 된다는 것이다. 그런데 이들은 태초로부터 천년왕국 전에까지 죽은 모든 자들이라는 것이다. 사도 요한은 이 두 번째 부활이 있기 전에 있을 것을 요한계시록에서 설명해 주고 있다.

> 천 년이 차매 사탄이 그 옥에서 놓여 나와서 땅의 사방 백성 곧 곡과 마곡을 미혹하고 모아 싸움을 붙이리니 그 수가 바다의 모래 같으리라. 그들이 지면에 널리 퍼져 성도들의 진과 사랑하시는 성을 두르매 하늘에서 불이 내려와 그들을 태워버리고 또 그들을 미혹하는 마귀가 불과 유

황 못에 던져지니 거기는 그 짐승과 거짓 선지자도 있어 세세토록 밤낮 괴로움을 받으리라(계 20:7-10)

이 말씀은 '천년이 차매' 즉, 천년왕국의 끝 무렵에 천 년 전 예수님의 재림 때에 붙잡힌 용(사탄)은 무저갱에(계 20:2-3), 바다에서 나온 짐승(적그리스도)과 땅에서 올라온 다른 짐승(거짓 선지자)은 유황불 붙는 못(계 19:20)에 가두었다고 했는데 그중에 사탄이 잠시 풀렸다고 했다. 그 사탄이 세상의 또 다른 추종자들을 끌어모아 천 년 동안 방심한 자들을 시험하고 유혹하게 되는데 그 유혹에 넘어가는 사람이 '바다의 모래 같다'고 할 정도이다. 시험에 넘어간 사람들을 불에 태우고 사탄은 유황불에 던져버린다. 그런데 거기에는 이미 천 년 전에 왔던 짐승(적그리스도)과 거짓 선지자가 있었고, 이후로 그들과 함께 불못에서 영원히 고통을 받게 될 것을 예언하고 있다(계 20:10).

그런데 예수님께서는 두 번째 부활 즉, 최후의 심판을 받는 자들인 태초에서 천년왕국 전까지 죽은 자들의 부활에 대해서 이미 세상에 계실 때 말씀해 주셨다.

또 인자 됨으로 말미암아 심판하는 권한을 주셨느니라. 이를 놀랍게 여기지 말라. 무덤 속에 있는 자가 다 그의 음성을 들을 때가 오나니 선한 일을 행한 자는 생명의 부활로, 악한 일을 행한 자는 심판의 부활로 나오리라(요 5:27-29)

이 말씀은 아버지로부터 심판의 권한을 받으신 예수님이 천 년이 지난 후에 최후의 심판을 시행하신다는 말씀이다. 그런데 그 심판의 대상은 천년왕국이 시작되기 전에 죽은 모든 사람들이라는 것이다. 그 사람들의 이름이 생명책에 기록 여부와 행위록에 기록된 행위의 내용에 따라 백보좌 심판을 받게 된다는 것이다. 그 심판을 받은 후에 이제 새 하늘과 새 땅에 들어갈 사람들 즉, 구원을 받은 사람들은 생명의 부활로, 새 하늘과 새 땅에 들어가지 못하는 즉, 구원을 받지 못해서 불못에 들어갈 사람들은 심판의 부활로 살아난다는 것이다. 그런데 여기서 중요한 것은 앞 장에서는 첫 번째 부활에 대해 설명했지만 이때의 부활이 인간들에게 적용되는 두 번째 부활이라는 것이다.

3. 심판에 따른 상벌

예수님께서 세상에 계실 때 그 세 번째 부활 즉, 천년왕국 전에 죽은 자들에게 진행이 될 부활에 대해서 말씀하신 것을 앞에서 간단하게 생각해 보았다. 여기서는 조금 더 구체적으로 부활에 대해서 살펴보기로 한다.

> 이를 놀랍게 여기지 말라. 무덤 속에 있는 자가 다 그의 음성을 들을 때가 오나니 선한 일을 행한 자는 생명의 부활로, 악한 일을 행한 자는 심판의 부활로 나오리라(요 5:28-29)

예수님은 부활에 대해서 무덤 속에 있는 죽은 자들이 하나님의 부르심을 받아 최후의 심판을 받고 부활할 때에는 두 가지로 부활을 하게 된다고 말씀하셨다. 하나는 선한 일을 행한 자는 즉, 구원을 받은 자는 '생명의 부활'로, 악한 일을 행한 자는 즉, 구원을 받지 못한 자는 '심판의 부활'을 하게 된다는 것이다. 그런데 여기 악한 일을 행한 자가 받는 '심판의 부활'을 보면 헬라어 '$\alpha\nu\alpha\sigma\tau\alpha\sigma\iota\nu$ $\kappa\rho\iota\sigma\epsilon\omega\varsigma$'(아나스타신 크리데오스)를 번역한 말인데 '심판'이 '$\kappa\rho\iota\sigma\epsilon\omega\varsigma$'(크리데오스)라는 단어이다. 원래 이 말의 뜻은 '위기'라는 말이다. 한국어 성경에서 보면 공동번역에서는 '단죄'라는 단어를 사용하고, 나머지 모든 성경에서는 이 단어를 '심판'이라는 단어를 사용했다.

그런데 KJV 성경에서는 이 '$\kappa\rho\iota\sigma\epsilon\omega\varsigma$(크리데오스)를 'damnation'으로 번역했는데 이 단어의 뜻은 '저주', '지옥살이', '지옥으로 보냄', '지옥에 떨어뜨림'이라는 말이다. 그러니까 '악한 일을 행한 자는 지옥으로 보내는(저주) 부활'이 이루어진다는 말이다. KJV 성경의 번역이 더 자연스럽거나 맞다고 본다.

이렇게 만왕의 왕이신 하나님께 백보좌 심판을 받은 사람들은 두 부류로 나뉘어 부활을 하게 된다. 그런데 정말 중요한 것은 두 부활에 있어 부활한 자들의 모습은 인간의 완전한 몸을 가진다는 것이다. 그 완전한 인간의 몸을 가지고 하나는 새 하늘과 새 땅으로, 다른 하나는 영원한 불구덩이로 들어간다는 것이다. 그러니까 오늘날 우리가 가진 몸으로 구원받은 자들은 영원히 행복을 누리고, 구원받지 못한 자들은 영원히 고통을 안고 살아가야 한다는 것이다. 그렇다면 생명책에 이름이 기록된 자는 어떻게 되는 걸까? 사도 요한이 생명책에 기록된 자들이 들어갈 곳을 이렇게 표현했다.

> 또 내가 새 하늘과 새 땅을 보니 처음 하늘과 처음 땅이 없어졌고 바다도 다시 있지 않더라(계 21:1)

천년왕국조차도 더 새롭고 편하고 아름답게 다듬어지고 만들어져서 현재 살고 있는 사람들의 상상을 초월하는 아주 특별한 세상인데 새 하늘과 새 땅은 '처음 하늘과 처음 땅이 없어지고 바다도 다시 있지 않은'이라고 했다. 따라서 새 하늘과 새 땅은 말 그대로 완전한 새로운 세상이라는 것이다. 여기 '새 하늘과 새 땅'에 나오는 '새'자의 진정한 의미를 더 알아보기 위해 신약성경에 나오는 '새 사람'이라는 단어에 나오는 '새'자로 점검해 보기로 한다. 신약성경에는 '새 사람'이라는 단어가 세 번 나온다.

> 법조문으로 된 계명의 율법을 폐하셨으니 이는 이 둘로 자기 안에서 한 새 사람을 지어 화평하게 하시고(엡 2:15)
> την εχθραν εν τη σαρκι αυτου τον νομον των εντολων εν δογμασιν καταργησας ινα τους δυο κτιση εν εαυτω εις ενα καινον ανθρωπον ποιων ειρηνην

하나님을 따라 의와 진리의 거룩함으로 지으심을 받은 새 사람을 입으라(엡 4:24)

και ενδυσασθαι τον καινον ανθρωπον τον κατα θεον κτ ισθεντα εν δικαιοσυνη και οσιοτητι της αληθειας

새 사람을 입었으니 이는 자기를 창조하신 이의 형상을 따라 지식에까지 새롭게 하심을 입은 자니라(골 3:10)

και ενδυσαμενοι τον νεον τον ανακαινουμενον εις επιγνωσιν κατ εικονα του κτισαντος αυτον

위 세 성경 구절에 나온 '새'자로 번역이 된 'καινον'(카이논)과 'νεον'(네온)의 차이는 무엇일까?

'새로운'(new)이라는 말을 헬라어에서 찾아보면 'καινος'(카이노스)라는 말과 'νεος'(네오스)라는 말이 있다. 여기 'καινος'(카이노스)라는 말은 (옛것과 비교하여) '그 내성이 완전히 바뀌어 새로운'이라는 단어이고, 'νεος'(네오스)라는 말은 '새로운', '새', '젊은', '최신의'라는 단어이다. 따라서 'καινος'(카이노스)는 '본성이나 품질에 있어서 새로운', '익숙하지 않은', '사용해보지 않은' 것에 사용되는 단어라면 'νεος'(네오스)는 '시간상으로 새로운', '최근의', '새로 소유한' 것에 사용되는 단어인 것이다.

결국 'καινος'(카이노스)는 우리가 경험해보았거나 접해보지 못해서 새롭게 체험해야 하는 것을 나타내주는 단어라면 'νεος'(네오스)는 시간이 가면서 점차 새롭게 되어간다는 것을 나타내주는 단어인 것이다. 그렇다면 요한계시록 21:1절에 나오는 '새 하늘과 새 땅'에서 '새'를 어떻게 봐야 할까?

> και ειδον ουρανον καινον και την καινην ο γαρ πρωτος ουρανος και η πρω τη γη παρηλθεν και η θαλασσα ουκ εστιν ετι(Απο 21:1)
> 또 내가 새 하늘과 새 땅을 보니 처음 하늘과 처음 땅이 없어졌고 바다도 다시 있지 않더라(계 21:1)

요한계시록 21:1절에서 요한은 'καινον'(카이논)이라는 단어를 사용했다. 다시 말해 '새 하늘과 새 땅'이 '시간상으로 새로운' '하늘과 땅'이 아닌 '그 내성이 완전히 바뀌어 새로운' '하늘과 땅'이 되었다는 것이다.

그런데 여기에 나오는 'καινον'(카이논)에 대해서 두 사람은 다르게 보았다. 먼저 뉴웰(Newell)이라는 사람은 이 'καινον'(카이논)에 대해서 '새로운 창조의 천지'라는 개념으로 보았으며, 크레다너스(Greijdanus)라는 사람은 "이 신천지의 출현은 구천지의 형질과 및 조직이 변화하여 영화롭게 된 것을 가리킨다."라고 본 것이다. 이 한 구절을 두 사람이 다르게 본 것처럼 지금도 사람들이 이렇게 두 부류로 해석을 할 수 있겠기에 소개해 보았다.

그러나 당연히 뉴웰(Newell)의 말이 맞다. 왜냐하면 크레다너스(Greijdanus)는 '새'를 '$νεος$'(네오스)적 견해로 보았기 때문이다. 나아가 요한은 요한계시록 21:2절에서도 '새 예루살렘'($ιερουσαλημ καινην$, 예루살렘 카이넨)이라는 문장에서 '새'를 '$καινην$'(카이넨)이라는 말로 사용했다. 따라서 최후의 심판에 따른 상으로 구원받은 성도들은 두 번째 부활에 따른 완전한 몸으로 지금의 세상과는 그리고 천년왕국 때의 하늘과 땅과도 전혀 다른 새 하늘과 새 땅으로 들어가게 될 것이며, 최후의 심판에 따른 징벌로 구원을 받지 못한 사람들은 두 번째 부활에 따른 완전한 몸으로 영원한 불못으로 던져지게 되는 것이다.

4. 새 하늘과 새 땅의 정점

하나님이 천지를 창조하시고 마지막 날에 인간을 창조하신 다음에 인간에게 대리 통치를 하라는 문화명령을 통하여 복을 주시고(창 1:28), 완성된 창조물을 보시고는 심히 좋아하셨다(창 1:31). 특별히 하나님은 하나님의 형상대로 지으신 인간을 사랑하셨는데 그 사랑의 표현을 문화명령을 통하여 하셨던 것이다. 그리고 또 하나 "선악을 알게 하는 나무의 열매는 먹지 말라. 네가 먹는 날에는 반드시 죽으리라"(창 2:17)이다. 왜 이 말씀이 하나님이 인간을 사랑하시는 말씀인가에 대해서는 지난번에 쓴 「창조에서 구원에까지」에서 정확하게 설명했다.

그런데 이렇게 베풀어주신 하나님의 은혜와 사랑을 인간이 배신하고 범죄함으로 하나님께서 크게 진노하셨다. 그런데 하나님의 진노는 인간을 진멸하실 수도 있었지만 하나님은 인간을 진멸하지 않으시고 오히려 '죄의 용서와 구원의 길'을 제시하셨다. 그 구원의 프로그램은 창세기에서부터 요한계시록까지의 내용과 인간의 역사가 접목되어 있는 것을 통하여 가르쳐 주신 것이다. 그래서 태초부터 지금까지 그리고 7년 대환난을 이겨내고 그 구원의 길을 지켜온 모든 사람들에게 첫 번째 부활과 두 번째 부활을 경험하고 새 하늘과 새 땅에까지 들어가게 해 주신 것이다.

> 또 내가 보매 거룩한 성 새 예루살렘이 하나님께로부터 하늘에서 내려오니 그 준비한 것이 신부가 남편을 위하여 단장한 것 같더라. 내가 들으니 보좌에서 큰 음성이 나서 이르되 보라 하나님의 장막이 사람들과 함께 있으매 하나님이 그들과 함께 계시리니 그들은 하나님의 백성이 되고 하나님은 친히 그들과 함께 계셔서 모든 눈물을 그 눈에서 닦아 주시니 다시는 사망이 없고 애통하는 것이나 곡하는 것이나 아픈 것이 다시 있지 아니하리니 처음 것들이 다 지나갔음이러라(계 21:2-4)

처음 하늘과 처음 땅이 없어지고 전혀 새롭게 만들어진 새 하늘과 새 땅에 하늘의 하나님께로부터 먼저 내려온 새 예루살렘이 안착한 것을 요한이 보았다고 했다. 정말 귀하고 소중한 그리고 감사와 감격의 눈물을 흘릴 수밖에 없는 소리를 요한은 천사에게서 들었다.

> 보라 하나님의 장막이 사람들과 함께 있으매 하나님이 그들과 함께 계시리니 그들은 하나님의 백성이 되고 하나님은 친히 그들과 함께 계셔서(계 21:3)

'하나님의 장막'이란 하나님이 거주하시는 집을 말한다. 하나님의 장막이 새 하늘과 새 땅에 들어온 사람들과 함께하고, 하나님께서는 그들과 함께하시고, 그들은 하나님의 백성이 되고, 하나님이 친히 그들과 함께 계신다고 하셨다. 결론적으로 하나님이 구원받은 사람들과 함께하신다는 것이 새 하늘과 새 땅의 정점인 것이다. 그래서 나는 그 정점을 짧은 문장이지만 세 번이나 등장하는 '하나님과 함께'라는 말로 정하고 싶다.

하나님과 함께!!!
아멘 주 예수여 오시옵소서!